中山出版
ZHONGSHAN PUBLISHING
香山承文脉 好书读百年

黄绍芬图传

黄宗炜　著

SPM
南方传媒　｜　广东人民出版社
·广州·

图书在版编目（CIP）数据

黄绍芬图传 / 黄宗炜著. -- 广州 : 广东人民出版
社, 2024. 9. -- ISBN 978-7-218-18033-5

Ⅰ. K825.7-64

中国国家版本馆CIP数据核字第2024331JV9号

HUANG SHAOFEN TUZHUAN

黄绍芬图传

黄宗炜　著

出 版 人：肖风华

责任编辑：吴嘉文
装帧设计：陈宝玉
责任技编：吴彦斌

统　　筹：广东人民出版社中山出版有限公司
执　　行：王　忠
地　　址：广东省中山市中山五路 1 号中山日报社 13 楼（邮政编码：528403）
电　　话：（0760）89882926　　（0760）89882925

出版发行：广东人民出版社
地　　址：广东省广州市越秀区大沙头四马路10号（邮政编码：510199）
电　　话：（020）85716809（总编室）
传　　真：（020）83289585
网　　址：http://www.gdpph.com
印　　刷：广州市豪威彩色印务有限公司
开　　本：787mm×1092mm　1/16
印　　张：20　字　数：150千
版　　次：2024年9月第1版
印　　次：2024年9月第1次印刷
定　　价：88.00元

如发现印装质量问题，影响阅读，请与出版社（0760-89882925）联系调换。
售书热线：（0760）88367862　邮购：（0760）89882925

黄绍芬（1911—1997），广东中山人，著名摄影艺术家

黄绍芬生平

　　黄绍芬，笔名黄克，1911年5月29日生，广东中山人，中国共产党党员，著名摄影艺术家，曾任上海电影制片厂总工程师，上海市第三、四、五、六届政协委员，中国电影摄影师学会第一届名誉会长，中国摄影家协会第四、五届常务理事，中国电影家协会第五届名誉理事，上海市文联副主席，上海市摄影家协会主席，上海电影家协会理事。

　　黄绍芬少年时期在家乡求学，15岁到上海民新影片公司当演员，在《木兰从军》《五女复仇》等影片中饰演角色，并自学摄影、洗印、照相等技术；18岁（1929年）时开始独立拍片，在联华影业公司成功拍摄了处女作《故都春梦》。因他在该片中能很好地展现导演的创作意图，充分显示自己的才华，故片约接踵而来。完成《野草闲花》《恋爱与义务》《一剪梅》的拍摄任务后，他在由民新公司改组的联华影业公司担任摄影组长。

　　1932年，日本帝国主义在上海制造了"一·二八"事件，黄绍芬参加上海电影界组织的抗日新闻纪录片摄影工作，深入前沿阵地，实地拍摄了十九路军英勇杀敌和人民群众支援前线的珍贵动人的镜头。由这些镜头剪辑而成的纪录片《十九路军抗日战史》是中国第一部战事片，1932年7月8日首映于上海共和大戏院。这部纪录片被认为是唤醒民众爱国的教科书。

　　在左翼文化运动的影响下，黄绍芬积极投身于中国进步电影事业，参加拍摄了由田汉编剧、表现20世纪30年代青年知识分子追求进步的影片《三个摩登女性》，以及歌颂北伐时期革命者的影片《母性之光》。他还参与拍摄了费穆导演的《香雪海》《天伦》，孙瑜编导的《到自然去》《春到人间》，沈浮编导的《天作之合》，欧阳予倩编导的《如此繁华》等影片。同时，他还拍摄了《斩经堂》，首次将京剧界著名麒派创始人周信芳先生精湛的舞台艺术搬上银幕。这部影片对我国戏剧史有着极高的研究价值。他在业务上努力进取、精益求精，终于从一个初出茅庐的年轻摄影工作者成为有声望的电影摄影师。

1937 年，黄绍芬加入上海新华影片公司，陆续拍摄了古装片《貂蝉》《武松与潘金莲》《白蛇传》，受到观众的好评。在田汉、聂耳等许多党的文艺工作者和进步人士的熏陶下，1943 年 8 月，他毅然拒绝与日本技师合作拍摄反动影片《春江遗恨》，愤然辞去他从事 14 年之久的电影摄影工作。

抗战胜利后黄绍芬重返影坛，被文华影片公司聘为技术总负责人。在此期间，他先后拍摄和指导拍摄了许多进步影片，如《夜店》《假凤虚凰》《艳阳天》《生死恨》，并在戏曲片《相思树》中担任联合导演。

上海解放时，于伶、钟敬之召集全市摄影师成立摄影队，记录了解放军进城的壮观景象，黄绍芬是负责人之一。新中国成立后，他除担任电影摄影师外，还先后担任上海天马电影制片厂和上海电影制片厂的总工程师兼技术办公室主任等职务。1953 年，他在电影技术设备还很落后的情况下率先拍摄了我国第一部彩色戏曲片《梁山伯与祝英台》，摄影工作完成得相当出色。此后，他又拍摄了故事片《伟大的起点》《天

2011 年 9 月第 186 期《当代电影》杂志的封面人物是黄绍芬

罗地网》，周信芳的舞台艺术片《宋士杰》，昆剧戏曲艺术片《十五贯》，故事片《女篮 5 号》《林则徐》《聂耳》《枯木逢春》《霓虹灯下的哨兵》《白蛇传》等。1989 年，他担任五集电视连续剧《洒向人间都是爱》的总摄影。

黄绍芬是我国影坛声誉很高的摄影前辈，在中国电影摄影史上写下了灿烂辉煌的一页。在 60 余年的电影艺术生涯中，他积累了丰富的经验，创立了细致、清晰、舒畅、明快的艺术风格。他拍摄的画面构图质朴，用光简洁，层次分明。

除了拍摄近百部影片外，他还为培养一代又一代电影摄影人才倾注了毕生精力。由于他的言传身教，其学生大多事业有成，为中国电影事业发展增添异彩。

1962 年，黄绍芬担任上海市摄影家协会首届主席，之后连任三届主席（1962 年—1997 年）。1986 年，黄绍芬退出电影制作一线，此后全身心地投入到上海市摄影家协会的组织领导工作中，举办了一系列国内外摄影展览，加强摄影国际交流的同时，不遗余力地提携后辈，为我国特别是上海摄影艺术的发展做出了杰出贡献。

1997 年 1 月 21 日，黄绍芬在上海去世，享年 86 岁。

序一

黄绍芬：中国影史第一老克勒

  大约在 1995 年秋冬季，上海电影界一次活动上，我在上海影城见过黄绍芬。当时许多上海电影界的老前辈都在，有老厂长徐桑楚，导演桑弧，演员孙道临、刘琼、张瑞芳、秦怡……我记得黄绍芬戴着一副大框玳瑁眼镜，一身休闲西装，搭配一件红色的高领毛衣，头发梳得一丝不苟……这大概是我第一次，也是唯一一次与这位仰慕已久的电影摄影艺术大师当面邂逅，真可谓"余生也晚，幸而聆君"！

  我常常从一些前辈那里，听到种种关于黄绍芬的故事。久而久之，这些故事便在我记忆中发酵成了一部关于黄绍芬的人生传奇。我是学电影史出身，也算涉猎过不少早期电影文献，但长辈们的耳提面命，依然让我感到无比鲜活和灵动。有一次，谢晋导演一身西装革履从门外进来，我打趣说他今天这身行头，很有"老克勒"的味道。谢导嘿嘿一笑，大声说道："我算什么，黄绍芬！知道吧？他才是真正的老克勒！"

  "老克勒"这个词，在上海方言中是一种对长者的尊称和褒扬。"克勒"是英文 Class 一词的音译，有"优雅""风度"的意思。前面加个"老"字，则更强调它的"老派"和"正统"。近代上海，领城市化风气之先，不少中产以上家庭，经济条件优渥，吃穿用度、日常生活都有不少讲究。即便往后遭遇不测、陷入困顿，但他们对生活的态度也一如往昔的一丝不苟。一个人是不是老克勒，只需从头到脚打量一番。不管什么场合，他的发型必定纹丝不乱，上海话这叫"头势清爽"；脸颊也要干净，不露半点胡茬；裤缝、裤脚都要熨烫平整，看上去笔直服帖；再往下，皮鞋更要纤尘不染、随时随地锃光瓦亮。以此来看黄绍芬，说他是"老克勒"，真可谓不偏不倚、一语中的。

"老克勒"的硬核在于"讲究"二字，但又绝不限于外貌谈吐和衣食住行。纵观黄绍芬一生的电影摄影创作，又何尝不被视为"讲究"？摄影师常被人称为"电影之眼"，但我们传统的电影史书写，往往把焦点过于集中在导演和影片身上，对其他创作部门往往关注不够，仿佛拍电影如同写诗、写小说一样，只需一支笔和几张纸就够了，完全忘了电影是一项必须依靠集体协同创作的浩大工程。

总说"电影是导演的艺术"，如果单从内容、主题、叙事等等这些文学层面来看，此说或许也无不可。但今天，人们越来越倾向从电影艺术的视听感官层面来重新认识和研判电影。那么，是谁让电影成为"可见"的呢？他们在文化艺术史上，是不是也应该首先成为一种"可见"的存在呢？正是从这个意义上，我们来审视眼前这本《黄绍芬图传》，你会发现，它的出版，恰好补上了传统电影史叙述缺掉的那一只角。

我们捧读世界电影史，会遇到许多陌生的术语，什么"写实派""绘画派"，什么"表现主义""伦勃朗式的光线"，等等。如果把黄绍芬放进这个序列，你会发现，任何术语都会显得干瘪而空洞，都无法精准击中黄绍芬摄影艺术的靶心。这正说明，黄绍芬这双"电影之眼"是多么的与众不同。

1926年，黄绍芬随黎民伟创办的香港民新影片公司，由广州迁来上海。彼时正值北伐未竟，社会动荡纷乱，市场无序竞争，影业积贫积弱的混乱时期。从影之初，黄绍芬是一位出现在镜头中的英俊小生。后来，他立志转向幕后，自学摄影，从电影明星转型为片场学徒。在打理片场杂务之余，也会时时留心摄影机的操作，在一旁眼观心记、偷师学艺，用心观察琢磨如何摆放机位，如何利用环境光线，如何调试光圈快门，如何掌握暗房技术……一点一滴，只言片语，无一不是从片场实操实拍、摸爬滚打中开始学起。他的"教材"，也不是什么理论上的煌煌巨著，而是上海戏院里放映的那些英美电影，外加几本好莱坞出版的摄影杂志。

也就是这个时候，黄绍芬遇到了他职业生涯中的另一位贵人——自美国留学归来的青年导演孙瑜。在留美期间，孙瑜曾去纽约学习电影编导、摄影和洗印技术。回国后，他被引荐到罗明佑创办的联华影片公司。黄绍芬独自掌镜拍摄的处女作，正是由孙瑜执导的影片《故都春梦》。二人合作中，孙瑜常把自己在美国的所见所闻与黄绍芬分享；反过来，每当他遇到问题、困难，也愿意与黄绍芬商量着一起摸索解决。

一次，有组镜头要求用移动摄影来跟拍人物的活动。但那时的摄影器材比较笨重，还没有轨道、摇臂一类的辅助设备，想要让镜头平稳地运动起来，实在不是一件容易的事。孙瑜说起他在美国遇到的一幕场景：摄影师将机器放在一只小船上，在和缓的水面划行，既能平衡、减震，又能拍出丝滑流畅的运动效果。两人一拍即合，决定将这一简单易行的方法运用到影片《野草闲花》的拍摄中，创造性地解决了让笨重的摄影器材，轻盈而平稳地跟随堤上演员运动起来的技术难题。可别小看这个因陋就简的土办法，它几乎成了早期国产片最廉价、最有效的"斯坦尼康"（摄影机稳定器）。

任何行业，单从技术和装备的角度，似乎都存在着一种悖论。技术装备越简陋，反而越能调动创作者的主观能动性，积极开动脑筋，想方设法摸索解决之道。相反，技术装备越先进、越高级，创作者对它的依赖性越高，自主解决问题的能力也就越显不足。这就如同传统中医问诊靠的就是望、闻、问、切，几乎不借助任何仪器设备。而现在医疗技术高度发达，某些医生一旦离开高端设备，反而不会看病了一样。

或许正是这一点，才能突显出黄绍芬这一代影人对中国电影的开拓性贡献。20世纪二三十年代，除了像孙瑜、洪深、张骏祥、黄佐临等极少数曾经负笈海外的学者型艺术家之外，别的电影从业者，大多都未曾受过正规的艺术教育和职业训练。他们在专业技能、专业修为、专业学养上的每一步成长，直至自成一家、开宗立派，乃至最终晋身为一代宗师，大多仰仗的是他们个人的天赋异禀、勤学苦练，不断地思考与总结，以及对电影艺术持续一生一世的满腔热爱。这既可以用来描述黄绍芬个人的成长轨迹，也是早期中国电影一种鲜明的时代症候。

笼统来看，黄绍芬的从影生涯可以被划分为三个阶段。第一阶段，是他入行的最初十年。这一时期属于默片时期，主要是依靠模仿、学习欧美电影，在创作实践中不断摸索、总结，来获得职业生涯的原始积累。作品以《桃花泣血记》（1931）、《天伦》（1935）、《斩经堂》（1937）等为代表。第二阶段，大约在 20 世纪 40 年代至 50 年代初。这一时期，黄绍芬在艺术修为上已日趋成熟，在摄影技术、视觉表达技巧及风格上开创出了一条属于自己的道路。作品以《夜店》（1947）、《生死恨》（1948）、《梁山伯与祝英台》（1953）、《女篮 5 号》（1957）等为代表。第三阶段，则是在 20世纪 50 年代末、60 年代初，也就是黄绍芬确立起个人创作风格的成熟期，代表作有《林则徐》（1958）、《聂耳》（1959）、《枯木逢春》（1961）等。

尤其是这最后三部，不仅充分展现了黄绍芬摄影创作成熟、鲜明的个人风格，甚至可以说，它们也代表着那个时代中国电影初步成型的民族个性和民族风格。也正是在这前后，中国电影才有了追求中国特色民族风格的文化自觉。比如影片《林则徐》中，林则徐送别邓廷桢的场景，导演和摄影师就自觉借用了"欲穷千里目，更上一层楼""孤帆远影碧空尽，唯见长江天际流"的唐诗意境，来构思镜头的景别、角度、构图和色彩。

《枯木逢春》中表现江南血吸虫灾害的空镜，则是借用了古代山水长卷的构图方法，让镜头沿着水平方向缓缓移动，以此再现"千村薜荔人遗矢，万户萧疏鬼唱歌"的悠远诗意。这种意境、诗意，经由黄绍芬镜头的创造性发挥，从传统诗词抽象的文字描绘变成了一种"可见"的视觉场景。它即是对诗意的视觉再造，也是对中国古典美学的一种现代重塑。

同样是《林则徐》，有这样三个场景，在影调、色彩处理上有着个性鲜明的强烈反差。第一个，是道光皇帝召见臣子的大殿，两排猩红的立柱，暖调，色彩显得夸张、俗艳而狰狞。第二个，是林则徐被摘掉顶戴后的居所，色调清冷、阴沉，空气中还漂浮着一层薄薄的安魂香。第三个，是虎门销烟的观礼台，林则徐为民团赐酒的场面，影调热烈、豪迈而奔放。这三个场景在用色、用光上的反差，透露出黄绍芬以"电影之眼"来刻画、突显人物情绪、情感、思想和影片主题的创作意图。当镜头画面不再是机械拼贴式的人与景的连缀，而是与人物、空间的内在情绪、情感融为一体，并且能让观众感受到创作者对剧情的主观参与、评价和态度，最重要的是，还能以一种让观众赏心悦目的独特方式呈现出来的时候，创作者的风格就由此诞生了。

毫无疑问，黄绍芬就是那个时代电影文化的"中国风格""中国气派"的创立者之一。如果要为他们开列一份名单，那么即便是把这份名单压缩到最简约的篇幅，"黄绍芬"三个字，也依然是最不可或缺的那一个。

是为序。

石 川
2024 年 6 月 10 日于上海戏剧学院

（作者系著名学者、策展人、制片人，上海戏剧学院电影艺术研究中心主任、博士生导师，曾任上海电影家协会第六、七、八届副主席）

序二
致父亲

亲爱的父亲，您离开自己热爱的摄影事业、离开我们，已整整27年。

每当我翻看您留下的数千张照片，仿佛您并没有离开我们。在家庭生活照片中，您与儿孙们相处，享受着天伦之乐。您永远笑容满面，和蔼可亲。您的每一张精彩剧照，都是中国电影史上的光辉画页。您站在电影摄影机旁，手紧握摄影机的把杆，眼神紧盯着取景框，任凭片场的激情澎湃，您的心却波澜不惊，永远充满自信。

依稀记得1997年1月20日，您去世的前一天晚上，风似乎是凝固的，窗外弥漫着冰冷的气息。尽管病情严重，吸着氧气，您却始终放心不下摄影家协会的工作。这就是您，我的父亲，对生活充满了信心，对自己终生从事的摄影事业情有独钟。您没有呻吟过，没有叹息过，有的只是对挚爱的摄影事业的深深牵挂。在上海市第二届国际电影节升旗仪式上，您曾激动地说过："世界电影100年了，中国电影90年了。今年我85岁，从事电影事业70年了！"的确，您的一生几乎伴随着中国电影事业的发展。

———

您在上海徐家汇三角街的同一个地方亲历了不同的影片公司——"联华""文华""上影"，一生拍摄了近百部电影。您虽然走了，但留下的电影作品成了中国电影史的经典华章。您一次次在摄影棚里挑灯夜战，造就了一部部精品力作。您拍摄了中国第一部彩色片《生死恨》、新中国第一部彩色片《梁山伯与祝英台》、新中国第一部彩色体育故事片《女篮5号》、新中国第一部彩色传记片《聂耳》……您创造了这么多的第一，我为您感到骄傲。

20世纪20年代，在中国影片被人看不起的情况下，您毅然踏入电影界，怀着一定要拍出好影片和西方影片媲美的民族自尊心，苦苦钻研，终于在18岁那年因拍摄处女作《故都春梦》一举成名。抗战时期，出于对日军野蛮侵略行径的愤慨，您怀着"把日军的暴行拍摄下来让国人和世界上有正义感的人们看到日军的真面目，联手起来向他们作斗争"的决心，留在上海组成三人小组，每天来回于战壕中，冒着枪林弹雨拍摄战事实况。哪怕在最艰难的时期，您始终站在爱国力量的阵营中，甚至不惜辞职以拒绝与日本技师合拍《春江遗恨》这部所谓"中日电影界合作共存共荣的象征"的影片。中华人民共和国成立后，您又毅然放弃去香港深造的机会，留在了中国共产党领导下的新中国继续自己的电影事业。

党和国家对电影艺术的关怀和支持使您如鱼得水，更加全身心地投入到祖国的电影事业中去。您一定忘不了拍摄中国第一部彩色戏曲片《梁山伯与祝英台》时的场景，周恩来总理和陈毅市长的关心和支持，令您终生铭记。您一直把与周总理的合影放在家中最显眼的地方，作为一生的动力。随后，您又拍出了《聂耳》《林则徐》《枯木逢春》等各类题材的影片，实现了"中国电影不比西方差"的夙愿。

73岁那年，您毅然加入了中国共产党，说："我追随了几十年，今天终于如愿以偿了！"从那时起，您似乎焕发了生命的第二次青春，将一腔热血放在摄影事业上，放在所有热爱摄影的人们身上。作为上海市摄影家协会连任三届的主席，您全身心投入到上海的摄影活动中，精神矍铄、干劲不减、耕耘不辍。如果说电影是您的第一段事业，那么，摄影就是您的第二段事业。尽管这是业余的，但您和当年一样地投入，沉浸在摄影事业中。

这就是我的父亲，一生都将镜头对准别人，唯独忘却了自己。

二

在您走后的 20 年间，上海举办的国际电影节、电影回顾展、经典影片展常放映您生前拍摄的电影。2014 年，上海国际电影节放映了您于 1931 年拍摄的《恋爱与义务》。我去看了两次，您在影片中担任摄影，又客串黄冠雄一角。您表演生动活泼，还与阮玲玉演对手戏。您如果不改行做摄影，说不定会是个好演员。凡有您拍摄的电影，如上海国际电影节曾放映的《女篮 5 号》、在电影回顾展放映的《桃花泣血记》《假凤虚凰》

1996 年 12 月 28 日，黄绍芬在光盘上写下人生最后的笔迹

《艳阳天》《天伦》《貂蝉》，我都会到现场去观看。

您的早期电影作品《一剪梅》《桃花泣血记》《天伦》《母性之光》《联华交响曲》《慈母曲》《太太万岁》《夜店》《生死恨》等数十部影片，在您走后的 20 年间也相继出版了电影光盘。您的代表作《梁山伯与祝英台》《女篮 5 号》《林则徐》《聂耳》《枯木逢春》《霓虹灯下的哨兵》的光盘也相继问世，我都一一收藏。您还记得吗？1996 年底，在您病重卧床时，我买到了刚出版的《梁山伯与祝英台》修复版电影 DVD 光盘。回到家后，您看到这部呕心沥血拍摄的彩色作品，强忍着病痛，服了止痛药片，起床坚持看完了全片。您兴奋地说"修复后色彩还原如初，非常好"，并用颤抖的手在光盘上写下了"中国第一部彩色影片，摄于 1953 年，黄绍芬，1996.12.28"。这是您一生中最后的笔迹，是您留给我最珍贵的纪念物品。不到一个月，您就离开了我们。

每当我想您时，总会回看这部影片的光盘。我已记不清回看了多少次，却记得每次回看，我几乎都会伤感落泪。

三

　　亲爱的父亲，虽然您走了，但电影界、摄影界的朋友没有忘记您。在2011年您百年诞辰时，上海举办了黄绍芬百年诞辰纪念活动。朋友们在福寿园丰碑前深深地缅怀您。当天下午在影城放映《梁山伯与祝英台》，并举行追思会，大家一致称赞您的人品和艺德。2011年我还去您的家乡广东中山，参加了当地举办的郑君里、黄绍芬百年风华纪念活动，其中包括了百年风华图片展和纪念两位中山老乡的电影回顾周。在您的家乡广东中山，政府和人民都没有忘记您，中山市文化艺术中心电影城里建有以您命名的"绍芬厅"。2008年，中山电视台拍摄了大型电视系列片《中山影杰》，用您的专题片《影动》回顾了您一生的从影生涯。《中山影杰》在中央电视台播放，获得2008年度全国十大纪录片奖。

　　2008年10月9日，作者首次来到广东中山参加《中山影杰》启播仪式。活动结束后，主办方带作者到中山市文化艺术中心的"绍芬厅"。在"绍芬厅"里，作者百感交集，久久不愿离去

如今，您长眠在福寿园，您生前电影界的好友秦怡、金焰、阮玲玉、张瑞芳、上官云珠、舒适、桑弧、张骏祥、汤晓丹、谢晋，戏曲界的好友尹桂芳、徐玉兰、范瑞娟等也相继"入住"福寿园。老友欢聚在天堂，仍能在一起讨论剧本，磋商每个镜头的拍摄方案。每逢清明，来福寿园祭拜父母的"影后代"，也都会到您的丰碑前，献上敬仰的鲜花，一起缅怀影坛先辈黄绍芬对中国电影事业做出的奉献。

我们永远怀念您。

黄宗炜
2024 年清明

目　录

第一章

影艺生涯

第一节 武侠童星（1925—1928）

黄绍芬 1911 年 5 月 29 日出生于广东香山县（今中山市）一个封建色彩浓厚的破落官吏家庭。母亲受尽家族的欺侮和虐待，因此与母亲相依为命的黄绍芬，从小就有一种早日立业的志向。他八岁那年，村头开了一家铁匠铺，一位魁梧的铁匠，成天面对通红的炉火，捶打出一件件坚硬锋利的农具。在黄绍芬童稚的眼睛里，此人简直就像希腊神话中的宙斯，成了他崇拜的英雄。此后，他在铁匠铺前朝夕徘徊，梦想有朝一日也能像铁匠一样，力大无穷，创造奇迹，让母亲在众人面前昂首挺胸，扬眉吐气。后来，生活之船把他带到另一个职业的港湾，他的铁匠梦并未实现。但正是最初这个梦，在他心田里播撒下一颗自强不息的种子。

1925 年冬，为了谋生，刚满 15 岁的黄绍芬从广东中山县来到香港。当时香港民新影片公司正在拍摄电影《海角诗人》，公司经理黎民伟见黄绍芬聪明伶俐，身体结实，是棵"武侠童星"的好苗子，便收留了他。从此，黄绍芬踏入电影圈，开始了从影生涯。

1925 年 12 月，香港民新影片公司迁往上海，黄绍芬随黎民伟初到"十里洋场"当学徒、学习摄影、洗印及兼演一些童角，参演了《西厢记》《绿林红粉》。1927 年 10 月，《木兰从军》开拍，女主角木兰由民新影片公司总经理李应生的独生女李旦旦饰演。黄绍芬当时长得眉清目秀，被老板选为演木兰的弟弟，还兼做木兰武打时的替身。在拍摄敌兵追木兰一场戏时，木兰需要在深院高墙之间纵上跳下，老板怕自己的女儿失足致伤，便让黄绍芬做替身。电影拍摄使用了"倒拍正放"的特技方法，即在拍摄演员从墙上往下跳时，倒转摄影机胶片拍摄，在电影放映时就得到一跃上墙的效果。拍摄时，黄绍芬站在一丈多高的墙上，披着叮当作响的沉重盔甲，背向摄影机跳下，稍有不慎就有后脑勺着地的危险，周围的人都为黄绍芬捏一把冷汗。少年黄绍芬大胆沉着，鼓足勇气，纵身一跳，竟一次拍摄成功！

　　这一跳，使老板对黄绍芬产生了兴趣，他认为黄绍芬具有拍武侠片的勇气和胆略，便接二连三地让黄绍芬又拍了好几部武侠片。在《三剑客》《绿林红粉》等片中他作为武打童星，时而手舞钢刀，时而扬拳飞脚。但在旧社会，当武打片的演员等于"玩命"，生命毫无保障，结局常常是悲惨的。他目睹许多拍武打片的演员被摔伤、打伤，拖着残废的躯体被老板一脚踢出摄影棚。触目惊心的事实使他感到拍电影不能只是以命换钱，更应该在艺术上有所追求。于是，他毅然抛弃"武侠童星"的声誉，下定决心，转向专心学习摄影，立志要为提高中国电影的艺术质量而奋斗。

黎民伟（1893—1953），广东新会人，出生于日本横滨。1913年美国人布拉斯基在香港与黎民伟相识，两人合作成立华美影片公司，合作拍摄了《庄子试妻》。黎民伟担任该片编剧，并反串女主角庄妻，其胞兄黎北海演庄子，兼任导演，黎民伟的妻子严珊珊演婢女。该片是香港出品的第一部故事短片，也是第一部在外国（美国）公映的香港电影

林楚楚（1905—1979），广东新会人，出生于加拿大温哥华。1924年与黎民伟主演香港第一部故事片《胭脂》，是香港电影的第一位女主角，在屏幕上大多以大家闺秀和贤妻良母的形象出现。林楚楚是黎民伟的妻子，也是其电影事业的得力助手

香港民新影片公司成立于1923年，厂址在北角铜锣湾天后庙前2301号地段，公司由黎民伟、黎海山、黎北海创办

1924年，香港民新影片公司在广州拍摄的第一部故事片《胭脂》剧照，由黎民伟、林楚楚（左）担任主演

1927年黄绍芬拍摄的第一张照片——黎民伟夫人严珊珊的生活照。严珊珊（1896—1951），广东南海人，1913年黎民伟拍摄第一部电影《庄子试妻》，严珊珊参演其中，成为中国第一个电影女演员。香港民新影片公司迁往上海后，她还出演过一些电影，至1928年才退出影坛

1926 年，少年黄绍芬
（组图）

16 岁的黄绍芬（左）
试镜照。1926 年 2 月，上
海民新公司成立

1927 年，黄绍芬在杜
美路厂门口。上海民新影
片公司位于杜美路 38 号（现
东湖路），原为杜月笙公馆，
摄影棚搭建于大花园内

《西厢记》（1927）

　　《西厢记》，民新公司摄于1927年，编剧濮舜卿，导演侯曜，摄影梁林光，主演李旦旦、林楚楚。黄绍芬在该片中饰演书童。这是中国现存最早的一部古装片，内容基本上忠实于原著，镜头的运用十分自然，有许多可取之处。影片中孙飞虎的部队发兵围攻普救寺的部分，逶迤如蛇的队伍在山间游动，导演用远景镜头表现浩大的场面，呈现出危急的态势。拍摄两军肉搏拼杀时，则较多地使用了俯拍的全镜头，有时用叠印的手法，把短兵相接的刀枪棍棒重叠到一起，表现战斗的激烈，效果明显，十分生动。

　　影片还充分发挥电影艺术的特长，生动表现剧中人的心理活动。例如张生在打瞌睡时，梦见孙飞虎掳走心上人莺莺，情急生智，用魔力把手上的毛笔变得又粗又长，然后骑上毛笔，飞上蓝天，赶上孙飞虎，并将其刺死，夺回莺莺。张生抱着昏死过去的莺莺，使劲地摇晃。这时，书童的呻吟声惊醒了张生，原来是一场白日梦。他所摇晃的不是莺莺，而是打盹的书童，他还用手上的墨汁把书童抹成一个大花脸。现实与梦境，转换得自然、贴切。张生骑毛笔飞向空中的镜头，让观众感到新奇、有趣。

　　古装片《西厢记》1928年夏在法国巴黎上映，1929年在英国伦敦上映。它是较早在西方放映的国产片之一。

《西厢记》主演林楚楚

1927年上海民新影片公司拍摄的《西厢记》，制作规模与艺术意念在早期中国电影都属罕见。梦境一场戏富有象征意味，葛次江饰张生（左），黄绍芬饰书童（中）

《西厢记》剧照，葛次江饰张生（左），黄绍芬饰书童（右）

《木兰从军》（1928）

1928年民新影片公司拍摄《木兰从军》。黎民伟和编导侯曜带领林楚楚、李旦旦、黄绍芬和工作人员一行二十人，服装道具三十余篓，从沪出发，经汉口转火车到河南花园口进行拍摄。此行在当地得到了北伐军第十一路军总指挥方振武将军的帮助。方将军从襄阳调集马队三四百人，扮演古装军士，配合拍摄了四天。之后摄制组到信阳拍"暮宿黄河边"一段，方将军又调来数百名军士相助。后来，摄制组又北上居庸关，以万里长城为背景拍"关山度若飞"一段。摄制组克服重重困难，在冰天雪地中拍摄花木兰率数百军马鏖战的场景，为了取得真实的艺术效果，摄制组进行了大量的雪地拍摄试验，于夜间尝试以火柴光拍摄雪人。在制作上，为了精益求精，他们费时半年，长

1928年拍摄的《木兰从军》剧照，侯曜担任导演，李旦旦（右）、林楚楚（左）担任主演，黎民伟、梁林光担任摄影

1928 年，电影《木兰从军》在河南花园口、信阳、驻马店等地拍摄外景，得到第十一路军总指挥方振武将军义助，借出军队、马匹与骆驼，艰苦摄制了四个月，终告完成。图为剧组演员、工作人员与方振武将军合影。前排左四为方振武将军，其左手起分别为候曜、李旦旦、林楚楚、黎民伟。穿白色长裤戴帽者为黄绍芬（前排右二），在电影中扮演木兰弟弟花蛟，武打时为李旦旦替身

途跋涉数千里，从西北荒漠到南京、苏州，在外景地搭景拍摄。在中国电影史上，他们开军队参加故事片演出战争场面之先河，成为中国第一家制作巨片的公司。

《五女复仇》（1928）

由民新影片公司出品的《五女复仇》是导演高西屏执导的黑白文艺剧情故事片，摄制于1928年，由林楚楚、李旦旦、梁梦痕、董翩翩、严珊珊主演，黄绍芬也参演其中。

1928 年《五女复仇》宣传资料，黄绍芬饰范玉书

第二节　光影为笔（1929—1937）

1930 年 8 月，由罗明佑主持的华北电影公司，在与黎民伟主持的民新影片公司合作的基础上，同吴性栽主持的大中华百合影片公司合并，又吸纳在上海从事印刷出版业的黄漪磋，组成"联华影业制片印刷公司"，罗明佑任总经理。同年 10 月，此公司在国民政府实业部及香港同时注册。1930 年 10 月 25 日，"联华"在香港成立总管理处，1931 年 3 月在上海设立分管理处。1932 年后其改称联华影业公司，罗明佑任经理。

联华影业公司成立后，成为同行的巨大竞争对手。它实力雄厚，有制片与发行一体化的组织形式，又以"复兴国片"为宗旨，提出"提倡艺术，宣扬文化，启发民智，挽救影业"的制片口号，给人耳目一新的感觉，取得了惊人的制片成绩。

对发展中国电影事业，罗明佑有一个宏伟的规划。他喊出"复兴国片，改造国片"的口号，同时起用一批具有较高文化艺术修养的创作人员为骨干，意在将公司打造成中国电影事业的领头羊。

在开业的八年中，联华影片公司共摄制影片近百部，其中不乏优秀的传世之作，如《故都春梦》《野草闲花》《桃花泣血记》《恋爱与义务》《南国之春》等，在内容上为它们注入了进步的意识形态，特别是在电影技巧方面，给人以耳目一新的感觉，再加上演员气质清新、演技质朴无华，树立了中国电影新形象，因此，这些影片被影评界称为"新派电影"，也赢得了观众的欢迎。联华影业公司与"明星""天一"等老牌大公司鼎足抗衡，在上海电影发展史上占有重要的位置。

1930 年，上海联华影业公司成立，高举"复兴国片"的旗帜。图为黎民伟夫人林楚楚与黎民伟之子黎铿手持联华标志

《故都春梦》（1929）

早年做童星时，黄绍芬受到电影界的注目和重视，但好强的他充满苦恼：英美影片充斥中国市场，中国影片水平低下，尤其在拍摄技巧上无法与外国片匹敌。他的民族自尊心受到猛烈冲击，内心生出一种责任感，暗暗自问："中国电影天生就应该落后于外国吗？"于是，他凭着自强不息的精神投身于中国电影事业的发展。他毅然向黎民伟提出要学摄影等技术，并表示一定要拍出上好的电影。经理虽然答应，但心里并不以为意；某些摄影师为了保住自己的饭碗，也只是让黄绍芬在片场干些杂务，技术的王国从不允许他问津，就连摄影机也不让他接触。即便如此，摄影师如何摆机位、布灯光、用光圈，黄绍芬在旁眼看心记。当时的拍摄都是靠摄影师用每秒16格的速度摇摄的，不碰机器，如何掌握得了摇摄技术，保持镜头的均匀和平稳呢？那种执拗的自强不息的精神，点燃了他智慧和勤奋的火焰。他发现放映机上除了马达，还有一杆装片用的摇手柄，他想，用摇手柄代替马达不是同样可以锻炼摇摄技术吗？！从此，他偷偷用放映机练习，一摇就是几个小时，胳膊练肿了也不罢休。只要有放片子的机会，他总是主动承担，手摇放映。直到大家发现这个秘密，都对此惊叹不已，黎民伟也终于答应让他正式掌机拍片。

黄绍芬的电影摄影处女作是1929年由朱石麟和罗明佑编剧、孙瑜导演的《故都春梦》。1929年，即孙瑜从美国回来第三年，这年冬天，孙瑜拍摄了电影《故都春梦》。翌年8月，该片上映后为联华公司打响了第一炮，起到了重振国产电影的重要作用。这部电影的女主角是阮玲玉。当时她已经拍过很多电影，但一直没有大红大紫。《故都春梦》是孙瑜和初当摄影的黄绍芬的首次合作，对于阮玲玉担任主演一事很是关注。她小时候出过天花，脸上有一点一点的"白麻子"，孙瑜就对黄绍芬说："绍芬啊，你有没有办法把阮玲玉拍得漂亮点儿？"经过多次试验，黄绍芬发明了一种土办法：用硬纸板做一个简易的罩子，在其上蒙上不同厚薄的黑色玻璃丝袜，再把罩子套在镜头上进行拍摄，等于加上一块块颜色深浅不一的柔光镜，拍出朦胧美，掩盖了阮玲玉脸上的缺点，完美地完成了摄影要求。

1929 年，黄绍芬 18 岁成年照

1930年，黄绍芬在联华

　　阮玲玉在影片《故都春梦》中扮演妓女燕燕，她把角色妖媚横生与凶悍泼辣的性格，生动地呈现在观众面前。这是阮玲玉从影以来，表现得最为出色的一部影片。该片也是黄绍芬首次与阮玲玉合作的成名作。《故都春梦》的外景拍摄地是北平，影片中出现了巍峨的宫殿、神秘的古刹，雪后初霁、银光遍地，如此景象使观众大开眼界。这部影片公映后，轰动影坛，票房超过了当时的外国片，观众不仅为阮玲玉的精湛表演所倾倒，对她的形象也留下了极为美好的印象，这使她红极一时。此片也使民新公司迅速崛起，很快扩张并入联华影业公司，而黄绍芬的摄影才华更是震惊了电影界。

孙瑜（1900—1990），四川自贡人。

1926 年秋天，孙瑜从美国学成归国，成为中国屈指可数的接受过电影科班教育的专业人才，可他进入电影圈的梦想未能马上实现——先面试明星公司失败，后去神州公司不果，直到 1927 年为长城公司筹拍《渔叉怪侠》，他才算正式踏入孜孜以求的电影行业。不久"长城"夭折，孙瑜又进"民新"。在民新公司两年，他拍摄了《风流剑客》，发掘了新星金焰，但他的内心一直不能平静：武侠神怪，鸳鸯蝴蝶，都不为他所爱，而当时国片大多泛滥于此，令他深感学识无用，技能浪费。

1926 年春，孙瑜在纽约摄影学院专攻摄影、化妆、剪辑、洗印，后在哥伦比亚大学夜校选修高级电影编剧等课程

孙瑜认为，来到联华公司，他的电影生涯才真正开始。联华影业举起了"复兴国片"的旗帜。在这面旗帜下，电影创作呈现新的精神：主题转向社会问题，形式不再粗制滥造，影像追求真实效果，噱头不再庸俗低级。在与之前完全不同的工作氛围中，孙瑜灵府顿开，激情四溢，仅仅两年，便接连出手六部影片。那时的孙瑜快乐而自信：他创造了"浪漫写实"的影像风格，培养了金焰、阮玲玉、王人美、黎莉莉、郑君里等银幕新星，甚至土法研制了中国第一台摄影升降机。他的镜头画面活色生香：《大路》中有黎莉莉和陈燕燕一同嬉戏，有筑路工人水中裸泳；《火山情血》中有黎莉莉的草裙舞；《野玫瑰》中有王人美的乡野疯癫，有金焰的艺人狂放；《小玩意》中有阮玲玉的风流缠绵。这些当时让人感到新鲜，数十年后仍然生动的画面充分展示了导演的才情，显示其活跃的想象。

　　1929年冬，上海民新影片公司出品的《故都春梦》在北京拍摄，18岁童心未泯的摄影师黄绍芬爬上石雕留影

1929年12月29日,《故都春梦》摄制组赴北京拍摄,途经青岛崂山野餐时留影。照片中有黄绍芬(前排左二,戴帽,穿白衬衫)与阮玲玉(站立者右二,短发,戴披肩)、林楚楚(站立者右三,戴太阳眼镜)

《故都春梦》剧照,主演王瑞麟(右)、阮玲玉

《故都春梦》剧照,林楚楚(右)参演

1930 年《故都春梦》
剧照（组图）

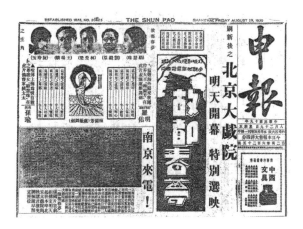

1930 年 8 月 30 日，《故
都春梦》在北京大戏院（丽
都大戏院，贵州剧场）首映，
图为刊登于 1930 年 8 月 29
日《申报》的首映新闻

从孙瑜的文章中还发现《故都春梦》背后那一个个动人的故事。

　　1929年12月，我和《故都春梦》外景队14人，包括黎民伟、年轻的摄影师黄绍芬、演员阮玲玉、林楚楚、刘继群、蔡真真及13岁的陈可可等，分批北上；1930年元旦，所有人在北京会齐，住在东单牌楼附近的东安饭店。外景队的人，除我以外都是第一次到北京，大家兴致很高，我带他们去逛东安市场，阮玲玉、林楚楚、陈可可她们看了市场里五花八门的北方特产，穿的、玩的、吃的，目不暇接，好像进了大观园。大家也得以有机会瞻仰故都的壮丽景色，因而感到莫大的愉快。

　　……

　　1930年2月底，终于等到了一场雪，我们在一天里抢拍完了雪景。返回上海后，我就加快速度，赶拍内景。我自恃年轻力壮（那时我快满30岁了），整天埋头苦干，连吃饭时也在想戏想镜头；放下饭碗后（我不吸烟，连所谓"饭后一支烟，快乐似神仙"的福也未享过）就忙着跑到剪接室去亲自剪辑影片，看新印出来的"拉修"片，或者去监改布景，一刻也不肯休息。那时我住在民新公司摄影棚旁的宿舍里，晚上也经常"开夜车"搞片子。日子一久，我的消化系统受了损伤，十二指肠溃疡出血了。我的肠部一天天地出血，起初的半个月，我只感到身体乏力，但还能强撑着干摄影棚里繁重的工作；后来在4月里的一个傍晚，当时影片只剩下十几个零碎镜头没有拍完，我却突然昏倒了。

　　当我从昏迷中醒过来时，我看见公司的男男女女一个个惊慌失措地围在我的四周，大概我当时惨白的脸色把他们吓坏了。人们忙着送来凉毛巾，又有人嚷着要拿加盐水的热毛巾。我镇静地请他们送我到我三弟成璧实习的宝隆医院，也就是我在1926年患伤寒住过的那家医院。我在医院里治疗了一个多月，躺在病床上看见我毫无血色的指甲一天天地恢复了红色以后，才出院回到公司里那间狭窄的小宿舍里调养。这时《故都春梦》剩下的十几个零碎过场镜头，已由黎民伟和摄影师黄绍芬等人商量着拍完了。回想起我为这部电影，一面紧张工作，一面肠里出血的日日夜夜，真可以名副其实地称作"呕心沥血"之作了。

（摘自孙瑜《银海泛舟——回忆我的一生》）

《野草闲花》（1930）

联华公司的第二部影片《野草闲花》，由孙瑜编导、黄绍芬摄影，主演阮玲玉、金焰、刘继群。影片描写音乐学院毕业的富家少爷黄云，因不满家庭包办婚姻离家出走，在街头遇上从北方灾区流落上海的卖花女丽莲。丽莲天生一副好歌喉，在黄云的帮助下，成了一名歌唱家。两人相爱并订立婚约，后因家庭干预，历经种种波折，最终圆满结合。

在这部影片中，孙瑜开始显露既直面现实人生又着力塑造主人公理想人格的积极浪漫主义的创作风格。

《野草闲花》由风流倜傥的金焰和楚楚动人的阮玲玉主演。影片还配了由孙瑜和他的三弟孙成璧专门为此创作的四段男女对唱《寻兄词》，曲调则选自民间音乐，由金焰和阮玲玉合唱，卡尔登西乐队伴奏。孙瑜事先请大中华唱片公司将配音录成唱片，然后在电影放映时，配合演员开口唱歌的画面，播放唱片。虽然蜡盘唱片以手工操作形式为影片配音，但作为中国第一首电影歌曲，它却因其特有的艺术魅力很快就在观众中流行开来，甚至几十年后还有人传唱。《寻兄词》是中国观众听到的第一首中国电影歌曲，《野草闲花》也就成为"中国第一部配音有声歌曲片"。

1930年拍摄《故都春梦》时，摄制组同时套拍《野草闲花》，导演孙瑜（左），阮玲玉（中），黄绍芬（右）

1930年《野草闲花》摄制组在船上拍摄的画面

《野草闲花》主演阮玲玉（左）、金焰

　　阮玲玉自主演《故都春梦》和《野草闲花》两部影片后，红极一时。她在《野草闲花》里与金焰珠联璧合，他们以精湛的演技，在银幕上塑造了一对崭新的形象。

1930年《野草闲花》剧照

1930年《野草闲花》剧照

　　《野草闲花》是中国第一部配音唱歌有声巨片，首映于北京大戏院。图为该片在1930年12月3日《申报》的报道

金焰（1910—1983），原名金德麟，祖籍韩国首尔，1912 年移居中国并加入中国籍。他于 1927 年初中毕业后来到上海，先在民新影片公司当场记，后加入田汉主持的南国艺术剧社。1929 年从影，1930 年进入联华影业公司任演员，先后主演了《野草闲花》《恋爱与义务》等影片。由于其真挚朴实的演技、充满朝气的健康气质，他一改当时影片中那种奶油小生的形象，向观众展示了一种新的大众偶像风采，成为当时最受欢迎的电影男演员。1932 年，《电声日报》在沪创刊，推出声势夺人的"中国十大电影明

金焰在影片《野草闲花》中的造型照

星"票选活动，金焰获得的票数最高，一举摘取"电影皇帝"的桂冠。

《恋爱与义务》（1931）

《恋爱与义务》一片，导演卜万苍，编剧朱石麟，摄影黄绍芬，主演阮玲玉、金焰、陈燕燕、刘继群、黎英。该片是根据波兰女作家华罗琛夫人的同名小说改编拍摄的。影片描写大家闺秀杨乃凡与大学生李祖义自由恋爱，但终为封建家庭和社会所不容的故事。这部影片叙事流畅，风格哀婉。

这时黄绍芬初当摄影师，非常忙，经常连续工作十五六个小时。那时做摄影师要具备"铁脚、马眼、神仙肚"这三种特殊本领。"铁脚"是讲摄影师一直站着工作，没有坐下来的机会；"马眼"是指一个镜头拍好准备拍下一个镜头的时候，别人可以喘口气，干摄影的却要忙着布光；"神仙肚"的意思是，因为没有固定的作息时间，常常为了抢拍镜头，吃饭也顾不上，饿了只能忍着。《恋爱与义务》拍摄时，黄绍芬一面当摄影，一面还客串演戏。《恋爱与义务》里就有他出演的角色，即剧中少爷黄冠雄。黄绍芬当演员时从来不用真名，而是用艺名"黄克"，所以片头字幕的演员表中看不到"黄绍芬"这个名字，只有"黄克"。黄绍芬一直保存着他在《恋爱与义务》中

《恋爱与义务》"化装舞会"一场戏中的电影画面，照片来自九十多年前的电影胶片。黄绍芬饰演黄家少爷黄冠雄一角（左）与阮玲玉饰演黄家小姐黄冠英一角（右）

一条由黄绍芬当年保存的、距今已经九十多年的电影胶片

与阮玲玉同台演出的胶片，可见他很珍惜曾与阮玲玉一起上镜的往事。2014年第十七届上海国际电影节放映了修复版的《恋爱与义务》。《恋爱与义务》是现存阮玲玉出演最早的电影，她在其中一人分饰两角，人物年龄跨度很大，从少年一直到老年。阮玲玉的表演细腻投入，而她在少女时代的水手服扮相也让人惊艳不已，风靡一时。这部电影在中国大陆已失传，台湾电影资料馆在国外找到拷贝后，对其进行了修复。

《恋爱与义务》剧照（组图），影片中阮玲玉（左）饰演杨乃凡，金焰（右）饰演李祖义

2014年第十七届上海国际电影节上放映了《恋爱与义务》，黄冠雄一角扮演者黄克，即摄影师黄绍芬。阮玲玉饰演的杨乃凡，从少女演至老年，同时还扮演女儿黄冠英一角

《恋爱与义务》宣传海报

《恋爱与义务》剧照，黄绍芬（左）扮演黄冠雄、阮玲玉（右）扮演黄冠英

《恋爱与义务》宣传海报，介绍演员名单中有黄克（黄绍芬艺名）

阮玲玉（左）、陈燕燕（中）、黄绍芬（右），在影片《恋爱与义务》中扮演同一个母亲所生的兄妹三人

在联华公司初期的创作阵营中，卜万苍是一位与孙瑜并驾齐驱的重要人物。

卜万苍（1903—1974），安徽天长人。联华时期，与金牌导演卜万苍合作最多的摄影师是黄绍芬，二人共有《恋爱与义务》《桃花泣血记》《一剪梅》《人道》《续故都春梦》《三个摩登女性》《母性之光》七部合作影片。之后二人在新华影业公司又合作了五部影片。

《桃花泣血记》（1931）

影片《桃花泣血记》，编导卜万苍，主演阮玲玉、金焰，摄影黄绍芬。本片描写在封建礼教压迫下，一个知识青年和一个贫苦牧羊女为婚姻自由而奋斗的故事。片中以桃花象征薄命的牧羊女，最后在悲惨中死去。影片以乡村为背景，是一部纯粹中国色彩的作品。

《桃花泣血记》中，女主角琳姑由阮玲玉扮演，她身穿土布衣，头包花头巾，淳朴、活泼，充满农家气息，散发着自然美。摄影机带着观众，在蜂飞蝶舞的桃花世界中穿行，通过远景和运动构图，向观众展演了在绵延起伏的大草原上，成群的牛羊驰骋奔跑的奔放粗犷的景象。

1931 年《桃花泣血记》摄制组合影。黄绍芬（前排左一），黎民伟（中排左二），卜万苍（中排左三），阮玲玉（中排右三），金焰（中排右二）

《桃花泣血记》剧照中阮玲玉（左）和金焰（中）

1931年10月2日《申报》关于《桃花泣血记》首映于北京大戏院的报道

《一剪梅》（1931）

1931年，身在联华一厂的卜万苍又导演了由阮玲玉、金焰合演的剧情片《一剪梅》。影片中，金焰与阮玲玉以真挚自然的演技、英俊美丽的形象，塑造了一对新型角色，再次征服了观众，进一步提高了自身的知名度。影片于1931年7月23日上映，再次让联华一厂名利双收。

《一剪梅》剧照，阮玲玉（右）、金焰（左）主演

《一剪梅》电影海报

《十九路军抗日战史》（1932）

1932年"一·二八"淞沪抗战爆发，联华影业公司立即拍摄了反映淞沪抗战的纪录片和故事片，受到观众的欢迎。

《十九路军抗日战史》是这时期联华公司拍摄的一部中型纪录片，由黎英、赵扶理、黄绍芬摄影，共三集，片长30分钟。

1932年1月，日本帝国主义在上海频繁挑衅，制造事端，提出各种使上

海市政府难以接受的狂妄条件。日本驻上海总领事村井仓松就向上海市政府
提出解散抗日会、取缔抗日运动等五项要求。

1932年1月28日夜11时20分，村井突然向上海市政府递交日本海军
第一遣外舰队司令盐泽幸一的声明，要求在闸北的中国军队立即撤退。上海
市长吴铁城还未来得及采取措施，十分钟后，日军就在铁甲车掩护下，同时
向闸北的宝山路、虹江路、天通庵路、青云路各街口发起进攻。

十九路军在上海人民的全力支援下奋起抵抗，以街屋为倚仗，同日寇进
行激烈的巷战。是日，十九路军总指挥蒋光鼐等通电全国，揭露日寇侵略暴
行，并表示："为卫国守土而抵抗，虽牺牲至一卒一弹，决不退缩。"

影片《十九路军抗日战史》忠实记录了日寇挑起战火后，用飞机大炮狂
轰滥炸闸北、真如等地的大批民房以及商务印书馆、东方图书馆、同济大学、
暨南大学等文化机构的暴行。影片还记录了十九路军在闸北青云路巷战、八
字桥争夺战、庙行大捷等战役中的作战情景，以及抗日情绪高昂的上海人民

1932年7月8日，《申报》关
于《十九路抗日战史》在共和大戏
院首映的报道

《十九路军抗日战史》在《中
国电影发展史》（第198页）一
书中的影片介绍

支援十九路军抗日的各种活动，人们纷纷组织义勇军、敢死队，冒着枪林弹雨，支援前线，还搭建了难民收容所、临时伤兵医院以救护伤兵，并组织妇女慰劳会赴前方慰劳将士。这些真实的抗战场景，都是联华公司的摄影队冒着生命危险，在枪林弹雨中拍摄的极其珍贵的影像。十九路军和第五军（军长张治中）在十九路军总指挥蒋光鼐的统一指挥下，粉碎了日寇四小时占领上海的狂妄计划，坚持抗战达 33 天。十九路军的大刀队，为了民族生存，敢于同日寇肉搏拼杀，使日寇闻风丧胆。影片的字幕说明，具有极强的感染力，振奋人心，因而这部纪录片在当时就被认为是"唤醒民众的爱国教科书"。

《人道》（1932）

影片《人道》，导演卜万苍，摄影黄绍芬，主演金焰、黎灼灼、林楚楚、陈燕燕。本片在 1933 年中国教育电影协会主办的全国国产影片评选中获第一名。

1932 年《人道》摄制组合影。卜万苍（前排左五）、黎灼灼（左六）、金焰（左七），黎民伟（后排摄影机右边）、黄绍芬（后排摄影机左边）

1932 年 7 月 21 日，《申报》关于《人道》首映于新光大戏院的报道

《三个摩登女性》（1933）

影片《三个摩登女性》，编剧田汉，导演卜万苍，摄影黄绍芬，主演金焰、阮玲玉、黎灼灼、陈燕燕。影片通过讲述一个男青年和三个女青年对生活道路的不同选择，寄寓了对时代环境与个人命运关系的现实思考。影片上映后引起了轰动，被誉为"新兴电影运动的第一只报春之燕"。该片是田汉的世界观、艺术观转变后第一部登上银幕的作品，也是左翼电影运动中第一批有广泛社会影响的影片之一。这一年出现了一大批左翼进步电影，其新鲜的主题和内容令人目不暇接，于是1933年被称为"中国电影年"。

《三个摩登女性》剧照（组图）

1932年12月29日，《三个摩登女性》首映的报道。当时的报刊对该片的摄影有所介绍

《三个摩登女性》宣传海报

《母性之光》（1933）

影片《母性之光》，编剧田汉，导演卜万苍，摄影黄绍芬，主演金焰、陈燕燕、黎灼灼。影片描写革命党人家瑚只身逃往南洋（今东南亚地区），历经艰难，回国后与离别多年的妻女重聚的故事。

《母性之光》是一部较为成功的作品，影片中许多重要的场面，如南洋矿工劳动等，都是通过画面而非字幕表现出来。至于人物的感情表现，如父女相认、夫妻团圆，则处理得很成功，感人颇深。该片在当时就被称作为"伦理片"。

在影片《母性之光》中，聂耳客串扮演了黑人矿工，并且为该片创作了电影插曲《开矿歌》。

《开矿歌》是聂耳创作的第一首电影歌曲，由田汉作词。歌词写道："我们在流血汗，人家在兜风凉；我们在饿肚皮，人家在养高粱；我们终年看不见太阳，人家还嫌水冻不够凉。……我们大家的心，要像一道板墙；我们大家的手，要像百炼的钢。……我们造出来的幸福，我们大家来享！"

《开矿歌》的歌词浅近易懂，用贫富对比的手法、激扬的旋律，表达了劳苦大众的精神诉求。《开矿歌》是我国20世纪30年代新兴电影歌曲的先声。

由于内容进步，引起统治者的恐慌，影片《母性之光》在广州等地曾一度被禁止公映。1933年9月，广州新华影画院上映《母性之光》。9月23日，即影片上映的第三天，广州市社会局下达第86号训令，以"内容尚多欠妥"为由，禁止该片继续放映。

20世纪30年代以后，一些反映阶级矛盾的优秀影片陆续进入南洋，《城市之夜》《母性之光》等片在南洋放映，受到华侨热烈欢迎。《母性之光》在菲律宾马尼拉放映时，剧院还特地为影片插曲《开矿歌》加上幻灯字幕，让观众的心情随着歌声一起振奋起来。该片开映达一周之久，满座牌天天挂起，在马尼拉可谓盛况空前。

1932年7月31日，联华影人在上海高桥海滨。前排左起：黎景光、周克、聂耳、黎莉莉、陈燕燕、史文华、华旦妮、殷明珠，后排左起：蔡楚生、史东山、王人美、孙瑜、黄绍芬

1933年《母性之光》拍摄现场，聂耳（左）拉琴，导演卜万苍（中）与摄影黄绍芬（右）共同研究拍摄效果

电影《母性之光》剧照，演员金焰（右一）、陈燕燕（左二）

《铁鸟》（1934）

《铁鸟》是中国第一部表现空战的电影，描写的是航空学校学生因志在卫国而放弃恋爱的故事。

虽然在早期默片时代就有人拍过飞航影片，但空战片以1934年的《铁鸟》为第一部，因其在技术上要克服很多困难。影片由编导袁丛美、罗及之负责航空摄影、黄绍芬、余省三、张克澜等负责其他摄影。由孙瑜担任剧务顾问由高占非、陈燕燕、蒋君超等担任主演。

影片获得了笕桥中央航校师生的全力支持，既出飞机又出学生参加演出。那时中国空军刚开始发展，飞机有限，但拍摄期间学校帮了大忙，出动所有飞机协助拍摄，使影片得以成功。

在影片拍摄完成后，《铁鸟》编导袁丛美、主演高占非和蒋君超（后排左起）邀请女主演陈燕燕，一起去照相馆拍照。三人在照片上签名并赠送陈燕燕留念

电影《铁鸟》演职人员合影。袁丛美（左四）、高占非（左五）、陈燕燕（左七）、蒋君超（右二）

《铁鸟》主演高占非（右）与摄影黄绍芬在丁香花园

《香雪海》（1934）

影片《香雪海》，编导费穆，摄影黄绍芬，主演阮玲玉、高占非、黎铿。电影叙述农村妇女出家、还俗的故事。导演费穆追求非戏剧性的故事，擅于捕捉人物性格的内涵，一切以人物为中心，被称为人文派导演。这都影片是中国电影史上第一部回避戏剧性的电影。

《香雪海》是黄绍芬与祖籍同为中山人的演员阮玲玉合作的最后一部电影。

阮玲玉，原籍广东中山，1910 年 4 月 26 日出生于上海。

1926 年她考入明星影片公司，出演了个人首部电影《挂名夫妻》，之后虽拍片不少，但一直没有大红大紫。1929 年冬，阮玲玉转入联华影业公司，以《故都春梦》一片，取得演艺生涯重大突破，在影坛奠定了地位。

她在联华影业公司期间（1929—1935）一共拍摄了 18 部影片，代表了中国无声电影时期表演的最高水平。其中黄绍芬与阮玲玉合作拍摄了九部影片——《故都春梦》《自杀合同》《野草闲花》《恋爱与义务》《一剪梅》《桃花泣血记》《续故都春梦》《三个摩登女性》《香雪海》。作为表演艺术家，阮玲玉有着丰富的激情、娴熟的演技、独特的表演风格。可惜，这位中国早期卓越的电影女演员，在 1935 年 3 月 8 日，因为忍受不了旧时代对她的侮辱和迫害，服安眠药自杀，以 25 岁的年华结束了她的一生。

《香雪海》剧照

1934 年 9 月 29 日，《申报》刊登上海金城大戏院《香雪海》的公映广告，内有对黄绍芬摄影的介绍

一代名伶阮玲玉（组图）

阮玲玉演出的 30 部影片，分别由明星影片公司、大中华百合影片公司以及联华影业公司出品。其中，有九部影片由黄绍芬担任摄影。

九部由阮玲玉演出、黄绍芬担任摄影的影片

序号	影片名称	编剧及导演	出品年份	备注
1	《故都春梦》	编剧朱石麟、罗明佑，导演孙瑜	1930	摄影黄绍芬
2	《自杀合同》	编剧孙瑜，导演朱石麟	1930	摄影黄绍芬
3	《野草闲花》	编剧、导演孙瑜	1930	摄影黄绍芬
4	《恋爱与义务》	编剧朱石麟、导演卜万苍	1931	摄影黄绍芬
5	《一剪梅》	编剧黄漪磋，导演卜万苍	1931	摄影黄绍芬
6	《桃花泣血记》	编剧、导演卜万苍	1931	摄影黄绍芬
7	《续故都春梦》	编剧朱石麟，导演卜万苍	1932	摄影黄绍芬
8	《三个摩登女性》	编剧田汉，导演卜万苍	1933	摄影黄绍芬
9	《香雪海》	编剧、导演费穆	1934	摄影黄绍芬

《寒江落雁》（1935）

1935 年，联华画报专刊介绍《寒江落雁》（组图）

影片《寒江落雁》，导演马徐维邦，摄影黄绍芬，主演陈燕燕。马徐维邦是联华影业公司主要导演之一，也是中国早期恐怖电影鼻祖，代表作有《夜半歌声》。联华影业公司为《寒江落雁》出版了专刊。

《天伦》（1935）

影片《天伦》，1935年拍摄，编剧钟石根，导演费穆、罗明佑，摄影黄绍芬，主演尚冠武、林楚楚、陈燕燕、黎灼灼、郑君里、黎铿、梅琳、时觉非、张翼、顾梦鹤、洪警铃。《天伦》是一部配音歌唱，无声对白的影片。为拍摄该片，联华影业公司一厂动用了全部人力资力。

费穆（1906—1951），江苏吴县人，出生于上海，1932年加入联华影片公司，与黄绍芬合作拍摄了《香雪海》《天伦》《斩经堂》，充分显示出他的导演才华，成为联华影片公司主要的创作人员。1948年黄绍芬在文华影片公司与费穆再度合作，拍摄了中国第一部彩色片《生死恨》。

费穆在《天伦》中的整体构思不仅是纯艺术的，而且也是极为新颖的，影片流露出的浓郁、纯粹的东方情调，和谐一致的内容和形式，充分体现了费穆的导演才华。

影片《天伦》画面优美，具有浓郁的东方古典情调：蓝天白云下面，树影摇曳多姿，绵延山丘上头，羊群悠然自得，一派恬静迷人的田园风光；幽深的小巷，古色的朱门，高大的院墙，令人作思古之遐想。摄影师黄绍芬灵活自如地运用摄影机，使影片的构图，臻于优雅完美的境界。影片《天伦》的主题歌《天伦歌》，由钟石根作词，黄自作曲，郎毓秀演唱，用月琴、锣钹等民族乐器配音，具有浓郁的民族音乐特点。它既衬托了画面，又推动了剧情。《天伦》的音乐被公认是比较完美的。

1936年影片《天伦》上映后，一位在中国旅游的美国影片商人看中此片。美国派拉蒙公司一位高级职员与联华影业公司商洽，购得了《天伦》在美国的放映权，他吸取以往的教训，由好莱坞一家独立制片厂，将影片按照美国人的欣赏习惯重新剪辑，另行配音，全片由14卷缩减为7卷，并将片名改为《中国之歌》，宣传时制作了大量海报、广告。在开映前的一天，还由美国最负盛名的《纽约时报》出面，请当时身在美国的中国著名文学家林语堂写了一篇题为《中国与电影事业》的文章。1936 年 11 月 9 日，《中国之歌》在美国首映，引起了很大的轰动，成为当时的一件盛事。《天伦》是在美国纽约正式放映的第一部中国影片，这在中国电影史上是破天荒的突破。

2007 年 12 月 23 日版的《新民晚报》文章《〈天伦〉的惊诧》报道了当时国内外对《天伦》的评论。

> 1935 年 12 月 11 日《天伦》首映于上海大光明大戏院，并在首映广告上打出"国际献映"豪语，显示出联华公司对《天伦》的中国传统文化意义和艺术水平的充分自信。影片公映后，观众和媒体反应热烈，当时评论对摄影甚为称赞："得到摄影师黄绍芬的帮助，导演对优美画面构图的费心已得到预期效果。"
>
> 《天伦》也是中国第一部在美国正规电影院放映的影片。
>
> 1936 年 11 月 9 日该片在美国纽约最华丽的 LITTLE CARNEGIE 大戏院正式献映，并连续开映三星期以上。纽约各报评论：《天伦》导演手法、演员演技、摄影技术均属清高雅洁。

1935 年，黄绍芬与费穆（右）在拍片间隙放松休息

1935 年，《天伦》导演费穆（右）与摄影黄绍芬（中）

1935年，联华刊物上报道《天伦》拍摄现场。摄影机旁为黄绍芬（二排左二）、罗明佑（前排）、费穆（二排左一）。右边演员分别是林楚楚（右二）与陈燕燕（右一）

1935年《天伦》剧照，尚冠武（左）与黎铿（右）

1935年《天伦》剧照，林楚楚（左）与陈燕燕（右）主演

《天伦》宣传资料

1935 年，爱好骑马的黄绍芬

《到自然去》（1936）

1935年春，联华公司的录音设备已初具规模，孙瑜准备编导一部有声片。孙瑜以往习惯于无声片中力求精简对白，偏重表现人物动作，这次特选了英国剧作家詹姆斯·巴蕾一部对白较少的话剧《可敬的克莱顿》，将其改编为电影《到自然去》。该片由黄绍芬摄影，金焰、黎莉莉、章志直、韩兰根、白璐主演。

孙瑜将英国贵族社会"浪漫蒂克"的讽刺喜剧从英国贵族社会移到中国的所谓上层社会，在影片中用了很大篇幅描绘荒岛（青岛拍摄外景）上愉快的渔猎生活和壮丽风光。

1935年8月，《到自然去》导演孙瑜（左一）、摄影黄绍芬（右一）在西湖拍外景

1935年，黄绍芬（中）在河中拍摄《到自然去》的工作照

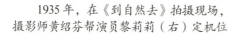

1935年，在《到自然去》拍摄现场，摄影师黄绍芬帮演员黎莉莉（右）定机位

1935年，《到自然去》主演黎莉莉（左）和金焰（右）

1935年，《到自然去》
主演黎莉莉在影片中的造型

1935年《到自然去》
剧照，韩兰根（左二）、
金焰（中）、章志直（右二）

1935年《到自然去》
外景地（组图）

《春到人间》（1937）

1936年春，孙瑜拍摄了第二部有声片《春到人间》，它是根据孙瑜1931年写的《流水落花》剧本初稿改写而来。本片由黄绍芬摄影，陈燕燕、梅熹、刘继群、尚冠武主演。

该片主要讲述了青年船夫和婢女小红，在军阀当权、民生涂炭的时代遭遇种种苦难，最后参加北伐革命的故事。该片表现了他们的反抗精神。

1936年，孙瑜、黄绍芬拍摄《春到人间》的现场工作照

1937年，《春到人间》摄制组合影。后排黄绍芬（右一）、陈燕燕（右五）、孙瑜（右六）、梅熹（右七），刘继群（前排右）

1936年，《春到人间》拍摄间隙合影，黄绍芬骑在牛背上体验乡村田野生活，梅熹（左）、刘继群（中）

《春到人间》剧照，主演陈燕燕、梅熹（组图）

陈燕燕（1916—1999），原籍北京，满族正黄旗之后。1930年在《故都春梦》中扮演一个小角色，从此步入影坛。她在"联华"早期出品的《恋爱与义务》《一剪梅》《三个摩登女性》《母性之光》等影片中崭露头角，成为联华影片公司台柱之一。她擅长扮演纯洁少女，有"美丽小鸟"之称。1930年至1937年"联华时期"，她参演影片达25部，其中16部由黄绍芬担任摄影。1937年，陈燕燕与黄绍芬结为夫妇。1943年，二人协议离婚。

演员陈燕燕

《斩经堂》（1937）

1937年由费穆担任艺术指导，周翼华担任导演，黄绍芬负责摄影的戏曲片《斩经堂》，将京剧界著名麒派创始人周信芳精湛的舞台艺术搬上银幕。

1937年《斩经堂》摄制组合影。后排左三为黄绍芬，后排右三为周信芳

　　当时戏曲片的拍摄还处在探索阶段，在艺术处理方面，既要保持戏曲表演艺术的特点要求，又要克服戏曲艺术和电影艺术在时空推移和场面调度上的矛盾，这需要充分利用电影所特有的镜头转换和场景剪接等技术手段。在实际拍摄中，影片既采用了许多写实的背景，如巍峨的关寨、幽邃的桃林，借以烘托、开展剧情，同时也保留不少传统戏曲的虚拟手法。

　　黄绍芬在 1937 年就投入京剧《斩经堂》的摄影创作，较早进行了戏曲片电影化的探索。

《斩经堂》剧照之一

《斩经堂》剧照之二　　　　1937 年《斩经堂》电影海报

黄绍芬与联华影人

联华影业公司网罗了当时中国最有才华或具有现代电影意识的编导、表演人才。先后加入联华的编导人员有朱石麟、费穆、孙瑜、卜万苍、史东山、杨小仲、蔡楚生、吴村等，其编导阵容在当时中国电影界是最为强大的。演员方面，有阮玲玉、金焰以及王人美、黎莉莉、陈燕燕、高占非、林楚楚、

王次龙等，他们都具有较高的表演才能。联华人才济济，制片质量因此有了相当的保证。

黄绍芬为联华影业公司前身民新影片公司拍摄的《故都春梦》，是"联华"的创业之作。之后，他又接着拍摄了《野草闲花》《恋爱与义务》。

受左翼文化运动影响，联华最早的一部左翼影片是《三个摩登女性》，该片由田汉编剧，卜万苍导演，黄绍芬摄影。

继《三个摩登女性》之后，田汉创作的另一部电影剧本《母性之光》仍由卜万苍导演，黄绍芬摄影。此后黄绍芬晋升为联华摄影股长。

联华影业公司创办的几年（1930—1937）中，黄绍芬深得黎民伟的器重，拍摄了许多有积极意义的影片，对当时联华的兴起和发展起到了积极作用。

20世纪30年代初黄绍芬与演员刘继群（右）合影。在联华时期，他们在《故都春梦》《恋爱与义务》《一剪梅》《春到人间》等十余部影片中有过合作

1930年，民新影片公司扩建成联华影业公司。联华在香港成立时，粤剧著名演员薛觉先宴请联华同人合影。前排座位卜万苍（左二）、金焰（左三）、黎北海（左六）。前排立者黎民伟（左一）、林楚楚（左二）、陈燕燕（左三）、高西屏（左六）、罗明佑（左八）、唐雪卿（左九）、薛觉先（左十）、阮玲玉（左十四）、陆洁（左十八）。最后排站立者黄绍芬（左一）、刘继群（左三）、王次龙（左四）

　　1932年，联华欢迎赞助商戴嘉士合影。前排孙瑜（左四）、卜万苍（左六）。二排陈燕燕（左四）、严珊珊（左六）、阮玲玉（左七）、罗明佑（左八）、林楚楚（左十二）、周文珠（左十三）、汤天锈（左十四）、叶娟娟（左十五）、黄筠贞（左十六）。三排王次龙（左一）、黄绍芬（左六）、徐长林（左八）、陆洁（左十一）、高西屏（左十二）、黎民伟（左十三）

　　1932年1月1日，联华一厂公余俱乐部开幕职工演员合影。前排孙妹（小演员）（左一）、黄绍芬（左二）、罗爱苏（罗明佑五女）（左三）。二排梁伯慈（左一）、陶伯逊（左二）、朱石麟（左三）、林楚楚（左七）、陈燕燕（左八）、黎铿（左十）、黎民伟（左十一）。三排卜万苍（左三）、黎兰（左四）、严珊珊（左五）、刘继群（左六）。后排时觉非（左一）、罗敬浩（左三）、蒋君超（左七）、吴永刚（左八）

1932年公余俱乐部合影合影，黄绍芬（中排站立左一）、黎民伟（中排站立左七）、金焰（后排左二）

1932年公余俱乐部合影，罗明佑（后排左五），黎民伟（后排左三），黄绍芬（后排右二）与职工在一起

1933年联华影人合影。前排吴永刚（左三）、金焰（左四）、蒋君超（左六）。二排中间坐者卜万苍（左一）、黎铿（左二）、费穆（左三）、黎灼灼（左四）。二排站立者黄绍芬（左一）、聂耳（左二）、黎民伟（左四）

　　1934年，罗明佑总经理访欧，联华影人欢送时合影。前排坐者黎莉莉（左一）、阮玲玉（左二）、罗明佑（左三）、关文庆（左四）、林楚楚（左五）、陈燕燕（左六）。前排地上坐者黎铿（左一）、黎宣（左二，黎民伟之女）。后排刘继群（左一）、洪警铃（左二）、陶伯逊（左三）、陆洁（左四）、金擎宇（左五）、朱石麟（左六）、孙瑜（左七）、王桂林（左八）、费穆（左九）、黎民伟（左十）（黄绍芬摄）

　　1934年联华影人合影。前排刘继群（左一）、陈燕燕（左五）、卜万苍（左六）、黎民伟（左七），殷秀岑（左八）。二排费穆（左一）、蒋君超（左三）、吴永刚（左四）、金焰（左五）、袁丛美（左七）。最后排站立黄绍芬

第三节 动荡岁月（1938—1943）

1937 年"八一三"事变发生之后，上海租界沦为"孤岛"。上海新华影业公司在 1939 年租下了位于海格路复兴西路口上的丁香花园（现武康路口华山路 849 号），全园占地 38 亩，花园内有山有水，亭台楼阁、小桥流水，一应俱全。新华影业公司在将丁香花园改建成摄影场后，成为"新华"第一厂，亚尔培路为第二厂，甘世东路为第三厂，三角地为第四厂。

在这动荡的岁月里，黄绍芬等众多电影人在丁香花园这一"避风港"里依旧坚持着电影事业。其间，黄绍芬在上海新华影业公司拍摄了经中国古典小说如《貂蝉》《秦良玉》《葛嫩娘》《白蛇传》等改编而来，借古喻今、激发人民爱国思想的影片。其中《貂蝉》引领整个"孤岛"时期影业大浪潮，对中国电影业的复苏起到了很大的作用。

黄绍芬写过一篇纪念文章，题为《我在上海抗日战争期间从事摄影工作的回忆，纪念抗日战争胜利 50 周年感文》。纪念文章充满着浓浓的爱国情。

> 第二次世界大战结束已半个世纪，这是人类历史上规模空前的大战，它是有史以来人类遭到的最惨痛的战争浩劫。中国的抗日战争是世界大战中的一环，上海的抗日战争更是一环中的一环。那时我是华安（联华后身）影片公司的摄影师。回顾当年在战场前后方紧张艰苦的摄影生活，至今犹历历在目。
>
> 我是 1925 年到上海开始学习摄影工作的，那时年方十五。后来联华影片公司在上海成立，我加入该公司，担任摄影师。1937 年淞沪会战爆发，由于战火的破坏，几家规模大的影片公司如明星、华安、艺华等已无力生产，职工陷于失业状态，不少摄影工作者转移到内地和香港。那时我只有 27 岁，出于对日军野蛮侵略我国神圣领土的愤慨，我决心要把日军的暴行拍摄下来，让国人和世界上有正义感的人们看到日本军国主义的真面目，联手起来向他们作斗争，所以留在上海。当时我和李

乐山及另外一位助手组织了一个三人小组，不怕艰危，每天来回于上海战场的前后方，拍摄战事实况。我们曾经去胶州路收容伤兵的慈善机构内，看望英勇负伤的战士，亲眼看到被日军惨无人道用达姆弹打成重伤的伤员。这种子弹进口小，出口却要大数倍；我们也看到人们支援慰问的队伍，他们把食品和被子等日用品源源送给伤员；我们也到部队前线去拍摄战场上的作战实况。我军的作战条件是十分艰苦的，战壕都是曲曲弯弯临时挖掘起来的，非常简陋。我们三人都是血气方刚、年轻胆大，为了要把战况拍得真切，所以到处蹿动。我记得有一次在同一战壕中，遇到一个美国常驻上海专拍新闻纪录片的摄影师。他胆小如鼠，躲在战壕中，根本不敢出头露面。他把一台埃姆手提摄影机架在一个架子上，将架子放在战壕中，摄影机开关上拖了一根长线，听到前方有枪声，就拉线乱拍。而我们是望清了目标才拍摄的。抗战到11月中旬，上海失陷了，为了掩护抗战部队的大军后撤而来不及跟上的谢晋元孤军营的胶州路营地，我也去拍过片子，那里的情景也是可歌可泣的。

进入1938年后，孤岛上电影界的进步力量大部分撤离了。上半年只有"新华"一家公司继续拍片。我就在这家影片厂工作。后来，"新华"又挂上了"华新"和"华成"的招牌，再后来到1940年，又设立了"中国联合影业公司"。我在新华、华新、华成和中联都拍过片子，如《葛嫩娘》《秦良玉》《胭脂泪》《貂蝉》等。《貂蝉》在抗战前拍了前半部，后半部是于1938年去香港拍完的。孤岛电影在当时受到多方面的压力。日本军国主义对中方爱国力量施加种种迫害，并利用电影界的投机家，让他们在国产影片数量极少的时机，接连制出色情恐怖的东西，以牟取厚利，来麻痹人们的抗战心理。这种情况使孤岛电影面临极大危机。当时留在上海的进步爱国的电影工作者、新闻工作者和其他文艺工作者联合一起，通过报纸舆论，展开了严正的斗争。阿英主编的《文献丛刊》曾以大量篇幅刊出了《日本侵略中国电影的阴谋特辑》。同时，在中国共产党的领导下，文艺新闻工作者巴人、白羽、唐弢、恽公、柯灵、于伶等五十一人又联名发表了《告上海电影界书》，向电影界提出了恳切的忠告，要求各影片公司至少应摄制"鼓励人群向上，坚持操守的新片"。影片《木兰从军》就是在这种支持下拍成的。这部影片写出了中华民族反抗侵略、争取胜利的愿望和信心，激发了孤岛人民的爱国热情，由我摄影的《葛嫩娘》《秦良玉》等影片也表现了一些爱国主义思想。

1941年太平洋战争爆发，日军进入租界以后，上海变得更加暗无天日了。日本军国主义十分重视利用电影来为侵略战争服务。其时，美、苏电影都不能上映了，代之而起的是日本电影。日方早在1939年6月成立的"中华电影公司"，利用电影胶片来源中断、南洋航运受阻和各私营影片厂由于经济困难无法继续拍片的机会，先以资金和胶片供应各公司，继而进行收买。新华公司首先投入，并于1942年4月由新华、艺华、国华和金星等十二家影片公司合并成立了"中华联合制片股份公司"（简称"中联"），从此，上海影业就全部被日方侵占。很多爱国的电影工作者如柯灵、费穆等拒绝和他们合作，退出了影坛。

1943年5月，日方为了加强对上海电影事业的垄断，又指使汪伪政府颁布了所谓"电影事业统筹办法"，把"中联""中华电影"以及"上海影院公司"合并，成立"中华电影联合股份有限公司"（简称"华影"），使制片、发行、放映一元化。华影为了贯彻日本军国主义提出的所谓"担负大东亚战争中文化战思想战之任务"的文化宣传方针，除制作了报道"大东亚共荣圈"动态的新闻片《中华电影新闻》外，还成立了"国际合作制片委员会"，与日本"映画制作株式会社"合作拍摄了《万紫千红》和《春江遗恨》两部影片。在《春江遗恨》这部被称为"中日电影界合作共存共荣的象征"的影片里，露骨地宣传了"大东亚共荣圈"的观点。我就是因拒绝与日本技师合作拍摄《春江遗恨》而于1943年中辞职的。直到抗战胜利，我才应文华影片公司之聘，任总摄影师和摄影技术指导。今天回忆我从事电影工作七十年中短短六年（1937—1943）的往事，我坚信，凡是正义的斗争一定能获得最后的胜利，军国主义的野心必然遭到失败。

（黄绍芬，原载于《静安文史》第十辑，1995年6月5日）

黄绍芬与黎民伟、林楚楚

1937 年 8 月 13 日，日寇进攻上海，与守军展开激战，抗日战火烧到华东地区。

联华影片公司组成新闻摄影队拍摄新闻纪录片。黎民伟在永安公司楼顶拍摄中国军队抵抗日寇侵沪的场面。黄绍芬、李乐山及一位助手组织了一个三人小组，在炮火连天的前沿阵地，不惧艰危，拍摄了可歌可泣的战斗镜头记录战争实况。

联华影片公司以抗日救国的使命感，剪辑完成了《淞沪抗战纪实》影片。

日寇侵占上海后，联华影片公司被日伪霸占，不能继续经营拍片业务，由于财政困难，联华影片公司只能停办。

1937 年 12 月，黎民伟和家人逃亡返回香港再创业。他曾邀请黄绍芬一起赴香港，无奈此时黄绍芬在上海已成家，未能成行。不过，黄绍芬与黎民伟及其家人一直保持着联系。黄绍芬甚至还多次赴港，协助黎民伟。

太平洋战争爆发后，日机袭击香港，黎民伟的启明影片公司和宿舍中弹被焚，藏片大部分被毁。香港沦陷后，黎民伟逃难到广西桂林，加入欧阳予倩主办的广西省立艺术馆，从事戏剧宣传工作。此后他办大光摄影社，以谋生机。1947 年元旦，黎民伟向黄绍芬寄去黎氏全家福照片，亲笔题写"绍芬如弟惠存"，更显两人友情之深厚。

1953 年 10 月 23 日，黎民伟在香港逝世，享年 60 岁。

1954 年 4 月，黎民伟夫人林楚楚受黎民伟生前的嘱咐，把他生前拍摄的孙中山先生北伐时期的纪录片《勋业千秋》全套和《淞沪抗战纪实》捐赠给北京中央电影局。此后，林楚楚还专程来上海看望联华时期的影人黄绍芬、金焰、吴永刚。

1947年，黎民伟将全家合影照赠送给黄绍芬。赠照后面有黎民伟的题字"八年来疏散入内地桂林、昭平、八步，胜利归来，幸蜗居未毁，而家具已散失，弹痕满壁，特摄此以为纪念"

1947年，黄绍芬在香港与林楚楚（中）、黎铿（左，黎民伟四子）合影

1947年，黄绍芬在香港启德机场留影

《貂蝉》（1938）

《貂蝉》于1937年开始拍摄，因抗日战争全面爆发，部分主要演员离开上海参加抗日演剧队而中断。1938年导演卜万苍去香港召集原班人马续成。该片于1938年4月28日在上海大光明大戏院首映，从5月4日

《貂蝉》剧照

至7月12日，连映70天，创下了战时影片的放映纪录。同年11月18日，影片在美国上映。为使外国人也能看懂，影片还加印英文字幕。

《貂蝉》公映后，引起轰动，一票难求，影响远至东南亚和美国。

《貂蝉》中主演金山饰吕布的造型

《貂蝉》主演顾兰君生活照

《云裳仙子》（1939）

　　影片《云裳仙子》，编导岳枫，摄影黄绍芬，主演陈云裳。《云裳仙子》是由华成影片公司出品的中国早期歌舞片。"南国影后"陈云裳在上海孤岛时期主演了《木兰从军》和《云裳仙子》两部不同题材的电影。陈云裳在《云裳仙子》中服饰造型前卫大胆，一连排唱七首歌曲。电影上映后媒体评价她："献给《木兰从军》三十余万观众，陈云裳完全摆脱了木兰从军古装的羁绊，现出时代尖端上的新女性姿态。"影片上映后反响强烈，被评价为"高速度的演技，流线型的画面，中国影坛有史以来第一部热情歌唱的成功作品"。

　　陈云裳（1919—2016），广东台山人，出生于香港。这位在 20 世纪 30 年代中期至 40 年代初期红透整个影坛的影后，从广州女子师范学校肄业进入舞社，在那里练歌习舞、读文咏诗。不久又得欧阳予倩的教导。1930 年拍摄粤语片《新青年》，从此她开始在影坛中崭露头角。1938 年，上海新华影

《云裳仙子》剧照（组图）

《云裳仙子》海报

陈云裳在影片《王昭君》中的造型

1939年，陈云裳在拍摄空隙，到摄影机前观看场景，摄影师黄绍芬只能无奈让位，满足了她的兴趣

业公司张善琨聘欧阳予倩编写剧本《木兰从军》，专程从香港邀来陈云裳担任女主角。当年12月25日圣诞节那天，这位十九岁的南国美人，在一片赞美和呼声中抵达了上海，并立即投入影片的摄制工作。由于影片《木兰从军》反映了木兰替父从军抗御外来侵略这一家喻户晓的故事，再加上陈云裳婷婷艳丽、略带南洋风采的姿色，以及她在影片中英姿飒爽、流畅自如、独具一格的表演，影片公映时极为轰动，连映三个多月，场场爆满，激起广大民众爱国情绪。此后，她相继在《苏武牧羊》《云裳仙子》《乱世佳人》《秦良玉》《新姐妹花》《良宵花弄月》等多部影片中担任主角，其中不少影片由黄绍芬担任摄影。

《家》《春》《秋》（1941—1942）

1941到1942年，黄绍芬拍摄了巴金著作《家》《春》《秋》。《家》（上、下集）由中国联合影业公司出品，导演有卜万苍、杨小仲、李萍倩、吴永刚等，摄影有黄绍芬、周达明等，主演有陈云裳、袁美云、胡蝶、陈燕燕、顾兰君、梅熹、刘琼等。《春》由中华联合制片公司出品，杨小仲导演，黄绍芬摄影，周曼华、王丹凤、徐立主演。《秋》由中华联合制片公司出品，杨小仲导演，黄绍芬摄影，李丽华、严华、王丹凤、徐立主演。

20 世 纪 40 年代，黄绍芬在片场

1942 年 5 月，在日本侵略军和伪政府的操纵下，新华等 12 家影片公司合并成立了中华联合制片股份有限公司（简称"中联"），上海影业全部为日寇侵占。其间，中联拍摄了大约 50 部影片，大部分以恋爱家庭纠葛为题材。1943 年 5 月 12 日，中联与中华电影股份有限公司（简称"中影"）又合并为中华电影联合股份有限公司（简称"华影"）。日方也加入该公司董事会，并筹拍鼓吹"中日亲善""共存共荣"的影片《春江遗恨》。日方派出导演、摄影师，以及男主角等六名演员，公司安排黄绍芬代表中方与日本技师合作摄影。黄绍芬拒绝拍摄这部宣传"大东亚共荣圈"的亲日影片，因而不得不辞去摄影工作。1943 年 8 月，黄绍芬离开了已经从事 18 年之久的影业圈，到一家化工厂做普通职员以维持生活。直至抗日战争胜利，他才于 1946 年重返影坛。

中联新片特刊影片《秋》。封面人物李丽华

《青青电影》特刊影片《家》。封面人物陈云裳

第四节　文华影片（1946—1951）

文华影片公司由吴性栽 1946 年 8 月创办于上海徐家汇三角街 30 号，吴邦藩任经理，陆洁任厂长。文华影片的创作力量主要是上海苦干剧团人员，该公司出品的绝大部分影片比较注重艺术性，被认为是一家盛产"文艺片"的影业公司。作为一家民营电影制片企业，文华影片公司于 1952 年 1 月并入国营性质的上海联合电影制片厂。

1992 年 10 月，黄绍芬在《上海电影史料第一辑》上发表一篇文章，题为《我所知道的文华影片公司》，记录了文华影片公司的时代印迹。

抗日战争胜利后，1946 年 8 月，桑弧、陆洁两人找我谈，说要成立一个影片公司，名叫"文华影片公司"。厂址就在徐家汇也就是原来老联华的旧厂址。后来了解到"文华"的创办人是吴性栽，该公司基本上由他独资经营。摄影棚也就是过去联华的老棚。文华影片公司的发行部设在江阴路九福里 96 号，经理是吴邦藩，宣传由龚之方负责，厂长由陆洁担任。桑弧负责编导，技术由我负责，王月白负责美工，行政是张渭天。厂长陆洁非常重视技术，诚意邀我与他同室办公。

文华影片公司的编导等创作人员的构成，是以抗战时期一直在上海坚持斗争的进步话剧团体"苦干"剧团为基础的。抗战胜利后，"苦干"被迫解散，大部分人员便参加了"文华"。我记忆中编导方面有黄佐临、柯灵，演员方面有丹尼、石挥、张伐、史原、韩非、莫愁、叶明、韦伟、崔超明、俞仲英、汪漪、胡小菡等。摄影、录音、照明方面有黄绍芬、许琦、葛伟卿、张锡麟、马林发、徐志良、沈轶民、朱伟刚及以王阿根为组长的七位照明师傅。当时摄影组共三人，即我、许琦、葛伟卿。许琦负责焦点和协助我处理光线，葛伟卿负责摄影机和装拆胶片。摄影机是由大来电影机械厂仿造美国的陪尔浩（B&H），透镜是从康泰弗莱克斯拆下的沙玛 50mm F2、85mm F2，后来又从娭姆手提摄影机拆下一只 25mm F2.3 镜头。摄影机尚且如此东拼西凑，照明灯具则更甚，是由许琦向上海实验电影工场借了 8 只 18 英寸硬光灯和几只四联平光灯。外景拍摄主要靠老天帮忙，用自制反光板（硬光）和反光布（软光）来补光。我记得文华第一部戏《不了情》完成后紧接着拍《假凤虚凰》。摄影组还是三人，照明灯具还是原来的 8 只 18 英寸硬光灯。由于摄照条件所限，第一部戏《不了情》已明显感觉到打出的光都有亮暗不规则的影子，画面感觉极为不洁。我和摄、照人员一起动脑筋、想办法。如果加上一张白纸虽能消除有规则影子，但光亮度损失太大。后来，我又和照明组研究，把白纸用香烟头烧了许多小洞洞，这样既增加亮度又去除了不规则的影子。现在看不足为奇，但当时就这一点灯具上的小小改革，却为影片增色许多。不久摄影组许琦同志又自己花钱买了一只惠斯顿 II 型测光表，为更好更准确掌握胶片性能（也就是密度控制）起到了很好的作用。继《假凤虚凰》之后，文华公司加强制作生产的计划性，又推出第三部戏《夜店》。为了培养人才，这时摄影组又增加了徐志良、张锡麟、马林发三位同志。在开拍前一个月的筹备阶段，大家齐心协力精心做好机器维修。令人欣喜的是，这部戏拍摄照明灯具有了较大的改进，可以说是中国电影摄影造型艺术更新换代的转折点。文华公司从美国进口了不少 750W、100W 小灯和 2000W、5000W 的 BN 灯，并且还有两只阿克（炭精）灯，主要用于拍摄外景。由于灯具的改进，《夜店》这部影片的许多场景气氛和造型效果得以实现，《夜店》全剧布景都是简陋又狭小，用的灯具大都是 BM750W，我们只好东藏一只灯西躲一只灯，每次放样片时都是提心吊胆，唯恐灯具穿帮。现在回忆起来，《夜店》这部戏从摄影用光角度看是成功的，在《夜店》即将拍摄完成时，导演黄佐临专门为摄影组订了一份在美国出版的《电影月刊》，对我们提高摄影技术帮助颇大。

文华公司从成立之日起就无专门的洗印车间，也就更谈不上"伽玛"技术条件。通常是影片拍摄后，派专人送到徐家汇路艺术电影冲洗公司即许琦哥哥许明处。他们用最原始的人工洗片筒冲洗（包括冲印）。最早期暗房使用红色安全灯，后胶片改进，使用绿色安全灯。此种人工冲洗方法沿袭到五十年代，在摄影师们一再呼吁下，文华公司决定建立一个洗印车间（在原海燕厂的老医务室）。当时无专门洗印人才，就从闸北的技术厂委托许明等人来帮助工作。印片机器也是大来机械厂仿造美国陪尔浩（B&H）型。后来想想请许明等人仅是权宜之计，就从香港邀请林祥富、朱朝升来沪充实洗印技术力量。与此同时，顾而已由香港大中华公司回沪后，带来一部"牛惠尔"摄影机。我向文华公司建议把它买下来，厂长陆洁同意了。这部35毫米摄影机在当时是比较新式的，它有四个不同焦距的镜头。从此，文华公司在影片的前期拍摄和后期冲洗条件方面有了改善和提高。

文华影片公司成立后，陆续拍了十多部影片。由梅兰芳先生主演的《生死恨》是中国第一部彩色片（以华艺影片公司名义出品）。这是文华公司首次使用16毫米彩色反转片。当时反转片底片是日光型，无规定片速。拍好即冲洗，好坏当场可看。如果发觉曝光不够，冲洗时可弥补，完全是凭经验判断。反转片的冲洗药液是由颜鹤鸣从美国带来的。由于灯具上有了些改进，使我对拍好彩色片充满了信心，并全力以赴。当时在现场同时拍摄了两条片子，一条作为原底保留，另一条送美国印制35毫米的影片在影院放映。这部影片的拍摄成功，使中国电影开始踏入了彩色领域。我记得吴性栽创办文华公司的宗旨是：人员要精干，艺术质量要高，生产周期要准。文华的制片风格是根据作品加以考虑的，一般来说它比较科学，十分重视影片的艺术和技术质量，不满百人的公司竟能够年产六部故事片。文华公司成立年数不长，在当时电影界却是一股不可忽视的力量。

文华公司虽然厂房简陋，设备极差，但是管理科学，奖罚分明，讲究准时的制片周期，其间拍摄的一些影片，在当时社会上都具有一定的影响。

许琦谈文华影片与黄绍芬

2005 年第四期《电影艺术》杂志曾发表一篇关于上海戏剧学院教授石川先生对许琦先生的访谈录。从许琦先生的访谈录中，可寻觅到有关文华影片与黄绍芬的故事。

1982 年第五届百花奖西安颁奖大会期间，黄绍芬与许琦（左）合影

受访人：许琦（1917—2020），江苏江阴人，中国老一代著名电影摄影师，先后任职于文华影片公司、国营上海电影制片厂。曾与费穆、桑弧、黄佐临、曹禺、孙瑜、李萍倩等大师级导演合作拍片，后期主要与谢晋导演合作。主要作品有《国色天香》《不了情》《母与子》《艳阳天》，1949 年后的作品主要有《腐蚀》《为了和平》《三毛学生意》《家》《海魂》《阿诗玛》《曙光》《天云山传奇》《牧马人》《秋瑾》。

时间：2003 年 12 月 3 日
地点：上海市永福路许琦寓所

石川：您是怎么进入文华公司做摄影师的？

许琦：1946 年抗战结束以后，原国民党中央宣传部所属的中央电影摄影场接收了许多敌伪的电影产业，在上海办了一厂、二厂。其中有一家（具体不记得是哪一家了）就在现在闸北的天通庵路。他们洗印胶片都是找我二哥许明，所以我也跟他们有一些往来。有一次，他们委托我送一些胶片到南京去。到了以后，遇到一个中央电影场的唐编辑。

他告诉我，"中影"要招聘一名驻南京的新闻摄影师，他知道我以前做过摄影，就问我愿不愿意干。我想做新闻摄影师也不错，至少生活有保障，于是我答应下来，留在南京干起了新闻摄影。这段时间我拍了不少新闻片。抗战胜利后，蒋介石从四川回到南京，他拜谒中山陵的新闻片就是我拍的。没想到，蒋介石本人也看到了这些片子。大概他比较满意，就对下面人说，这个摄影师不错，你们把他叫来做我的随从摄影。这事让我思来想去，犹豫了一段时间，最终还是下决心没有去。为什么要放弃这样的机会呢？这就要从文华影片公司谈起了。

也是在1946年，原来"大中华百合"影片公司的老板吴性栽在上海创办了文华影片公司，准备重新开始拍摄故事片。他们聘请著名摄影师黄绍芬担任公司的总摄影师。黄绍芬是我一直非常敬重的一位摄影艺术家。我在新华公司做照片洗印和摄影助理的时候，黄绍芬也在这家公司担任摄影组的负责人。我的师傅薛伯青就是他的部下，我也算是他部下的部下了。黄绍芬这个人很了不起，只比我大五六岁，却是中国电影界赫赫有名的摄影艺术大师。

二三十年代，他在联华影业公司拍摄了《故都春梦》《野草闲花》《恋爱与义务》《桃花泣血记》《三个摩登女性》《母性之光》《天伦》《香雪海》等名片；孤岛时期又拍摄了《貂蝉》《白蛇传》《秦良玉》等卖座影片，在电影界有着非常高的声望。

听说黄绍芬加盟文华公司，我想，如果能在黄绍芬指导下继续从事故事影片的拍摄，自己的摄影艺术水平一定会有所提高，不至于出现当年拍摄《国色天香》时所遇到的那种尴尬场面。当时我的身份是一名新闻摄影师，但从我个人爱好的角度讲，还是比较喜欢故事片摄影。于是我对二哥表示不愿去做蒋介石的御用摄影师，也不愿再继续干新闻摄影，而愿意去文华公司从事摄影创作。

二哥当然支持我，就去找黄绍芬商量。黄很爽快地就答应了，对二哥说："叫你阿弟来好了。"这样我就辞去了中央电影场的工作，很顺利地进了文华公司，跟着黄绍芬，作为他的摄影助理开始拍片了。说来我和黄绍芬两个人也算有缘，后来一直在一起。他一直是我的上级，主管摄影和技术工作，一直到80年代中后期我们先后退休为止。

石川：您在文华公司拍的第一部影片是什么，后来又是怎样开始与黄佐临导演合作的呢？

许琦：我进文华公司拍的第一部影片，也就是文华公司创办后出品的第一部影片，是由张爱玲编剧、桑弧导演、刘琼和陈燕燕主演的《不了情》。说起来这部片子，背后还有故事呢。当时我还很年轻，又没有什么资历，为什么文华公司的开场大戏会让我来做摄影呢？实际上这部影片的摄影师应该说是黄绍芬本人，但因为陈燕燕的关系，有些场面他自己不好亲自出面，那时他已经跟陈燕燕离婚了，两人在工作场合碰上总觉得有些尴尬。

作为他的助理，我就被推到前面。拍摄时，由我来摆机位，摆构图，调整光线，跟焦，指挥演员走地位，弄好以后，对站在一旁的黄绍芬说："黄老师，你过来看看。"黄绍芬看过，没问题了，我们就这样拍下去。当时跟我一起合作的摄影师还有葛伟卿，实际也是助理。但后来在影片的字幕上，摄影师却成了许琦和葛伟卿，黄绍芬的头衔是摄影指导或摄影顾问。事实上，这部片子应该算黄绍芬拍的。这个事情，当时文华公司的人都知道。

《不了情》上映后，观众反响不错。文华公司接下来开拍了第二部大戏《假凤虚凰》。这部戏是黄佐临导演的，所以这也是我和黄导演合作的第一部影片。黄佐临和桑弧是文华公司创作部门的负责人。他在进文华公司之前主要从事话剧编导，在上海名气很大，又是留过洋的大艺术家，我对他是很尊敬的。在《假凤虚凰》剧组一起工作的时候，他认为我蛮勤奋，也比较谦虚好学，所以很看重我。

……

《假凤虚凰》过后，黄导演的许多戏都找我拍，像《夜店》《表》《腐蚀》《思想问题》，还有以后的《为了和平》《布谷鸟又叫了》《三毛学生意》《黄浦江的故事》。除了少数几部外，黄导演解放后的片子基本上都是我拍的，加上解放前的，我一共与黄导演合作过九部故事片。

《不了情》（1947）

文华第一部影片《不了情》由张爱玲编剧，桑弧导演，刘琼、陈燕燕主演。陈燕燕演新来的家庭教师，后来和男主人产生了感情。长住在乡下的太太闻讯赶到上海，男主人一怒之下要与太太离婚。太太找教师恳谈，求她不要伤害这个家庭。无奈之下，女教师悄然离去。影片里女主角还有个不争气的爸爸，借女儿的面子，向男主角要这要那，使女儿更难做人。这部影片是为陈燕燕写的。此时陈燕燕已几年没拍片，文华约她东山再起拍这部片子，要的是她和刘琼的"明星效应"，当然影片上映后也很卖座。剧作者张爱玲写道："陈燕燕退隐多年，面貌仍旧美丽年轻，不过胖了，片中只好尽可能老穿着一件宽博的黑大衣。"片中演父亲的是严肃，路珊演姚妈，张琬演太太。值得一提的是演陈燕燕学生亭亭的彭朋，就是黄佐临导演的长女黄蜀芹。40年过去了，黄蜀芹也当了电影导演，拍了得奖影片。在一次领奖会上，桑弧、刘琼和黄蜀芹合拍一张照

1947年《不了情》剧照，陈燕燕（右二）、黄蜀芹（左二）

片，登在上影画报上。

《不了情》从 2 月开拍到 3 月底完成。一个新成立的电影厂能如此迅速又有一定质量地完成拍片工作，说明导演的艺术水平和工作的熟练，加上陆洁厂长聘用其他创作人员和照明、置景工人都是精选的，制片安排井井有序。

《假凤虚凰》（1947）

1947 年 4 月初，文华第二部影片《假凤虚凰》开拍了。这是由桑弧编剧，黄佐临导演的一部轻喜剧。一家快破产的公司经理，读到报上华侨富翁之女的征婚广告，又看到正在给自己理发的三号理发师相貌堂堂，便动员三号冒充经理去应征，骗到女方财产以解决自己的困境。女方范如华因为丈夫病故，难以为生，假充华侨来征婚。双方以假充真，闹了不少笑话。在结婚前夕，两人都去当铺当物筹款，由此发现了对方身份，导致婚姻告吹。但因双方已有感情，经人劝说，女方终于推掉去富翁小妾之聘，与三号理发师结婚并当了理发店店员，自食其力。黄佐临导演在话剧舞台上成功地导演了多部喜剧，如《梁上君子》《升官图》《荒岛英雄》等，极负盛名。此片虽是他第一部电影作品，但影片叙述流畅，对喜剧性的把握和发挥，都极为出色。

影片男女主角分别由石挥、李丽华饰演。这也是石挥第一部主要电影作品，他演的三号理发师杨小毛，在喜剧的夸张和真实感之间，分寸掌握极佳：在经理室中听电话时，用假外国话唬人；在求婚时，忘乎所以取出剃刀假自杀（还下意识地用领带当磨刀布磨了两下），以及多次吹嘘过了头的掩饰，都演得恰到好处。李丽华演的假华侨女郎，以伪对伪，也很出色。

影片也在两个月内完成，7 月 11 日上午借大光明影院试片。试片当天，影院大门口围了很多人，原来门口有许多人组成了纠察队，手拉着手阻止观众入场。观众不明白这些人阻止放映的原因，等了很久，才各自散去。这些阻止放映的人接近中午才离去。他们在离影院不远的仙乐斯舞厅前，用杂色油漆涂抹文华公司设置的该片特大广告路牌，并在主演之一、三号理发师扮演者石挥名下用红漆画了只小乌龟。次日报纸刊出报道，众人方知是理发业

电影《假凤虚凰》剧照，李丽华（左）、石挥（右）　　　　《假凤虚凰》主演李丽华
生活照

工会会员以该片有"侮辱理发师"之嫌，动员了数百名会员组织了这次抗议。

此后，理发业工会和文华公司分别举行了记者招待会，理发业还请了扬州同乡会理事长焦鼎铠发言，说明影片以丑陋的表演侮辱了理发业并冒犯性地使用了一些苏北方言，令人难以容忍。文华公司则请了曹禺、欧阳予倩等发言，说明影片歌颂劳工神圣，赞扬自食其力；影片讽刺的是那些损人利己、剥削欺诈的坏经理，影片中描写的理发师倒是善良和可爱的。两次会后，7月下旬，文华又在内部放映一场该影片，请理发业会、工会近百名代表和各部门主管人员审看。看片后，理发业提出要剪去九处，文华编导表示尽可能修剪，并加字幕说明影片歌颂劳工神圣的主旨。这一纠纷初步告一段落，影片于8月正式上映。

经过近两个月的公开报道，和影片在喜剧处理的成功，公映后场场爆满，观众人次和拷贝数量为一时之冠。后在其他大城市首映时，也都发生了抗议风波，但同样也吸引了更多观众。此片的轰动，与当时政治斗争无关。当时上海的理发行业的从业者大都为苏北籍，地域性极强，社会的重视与否对他们而言一直是个极敏感的问题。本片的题材正牵涉了这个问题，这也曲折地反映出抗战胜利后，我国国民意识普遍提高后而出现的部分心态。

《太太万岁》（1947）

张爱玲所写的《太太万岁》是一部关于上海中产阶层家庭的轻喜剧，着重描写了一个在大户人家当媳妇的太太四面不讨好的境遇。片中的太太为了协助丈夫办公司，骗她父亲资助。丈夫得钱后交结了交际花，近于破产。妻子提出与丈夫离婚，终因发现丈夫对自己的真情，又言归于好。此片由蒋天流、张伐

电影《太太万岁》剧照，演员张伐（左）、蒋天流（右）

主演，仍由桑弧导演。石挥在片中演老丈人，剃一光头，出场时打坐念佛，后又涉足舞场，唱着"香槟酒满场飞"的流行歌曲，和女婿一起寻欢作乐。该片从人物造型到喜剧的发挥，都给人很深的印象。当时《假凤虚凰》公映，

1947年秋拍摄《太太万岁》时，摄制组佘山游合照。前排朱伟刚（左一）、吴剑光（左三）、马林发（左四）、叶明（左五）、石挥（左六）、张伐（右一）。后排黄绍芬（左一）、王洁（左二）、上官云珠（左五）、陆洁（左七）、苏芸（左八）、曹禺（左九）、黄佐临（左十）、桑弧（左十一）、崔超明（左十二）、王月白（右一）、李萍倩（右二）、程之（右五）

营业上取得空前成功，使文华同仁带来非常欢愉的宽松心态，这对喜剧创作是非常必要的。程之在片中演交际花的"拖车"，自拉自唱越剧开篇《啥人不要赚钞票》，又为影片增加了表现上海市民生活的地方色彩。韩非在片中饰蒋天流的弟弟，汪漪饰张伐的妹妹，路珊饰婆婆，彼此合作相得益彰。影片于 8 月初开拍，9 月底完成，12 月首映，卖座甚好，在片约期满的最末一场，皇后影院还有八九成上座率。

《夜店》（1947）

文华第五部影片又轮到黄佐临导演上片。有过一次参与影片制作全程的经历后，第二部他决定拍摄自己向往的影片。在抗战胜利前夕，他导演的舞台剧代表作《夜店》就成为他拍电影的首选题材。在苦干剧团的话剧《夜店》演出中，石挥出演落魄的大少爷金不换，从造型、走路的独特体态到表

电影《夜店》剧照，演员周璇（左一）、张伐（左二）、石羽（左三）、林榛（左四）

演都可称一绝。在改编的电影剧本中，因这个角色戏少，他改演店主闻太师。这个角色写得比较简单，没能发挥演员的特长。张伐演的小偷杨七还是舞台上演的角色。为了加强这个群戏的号召力，导演还请了周璇、童芷苓，加上石羽、韦伟，六大明星主演。电影和话剧相仿，剧情集中于夜店的一个场景。为了体现环境的真实，突出电影的造型特点，黄佐临特约原话剧的美工设计丁辰担任本片美工师。丁辰在夜店门外街道边上用配置缩小法制作了半立体的远景房屋，极有新意。昆仑公司导演史东山在走过摄影棚时看到这个布景，大为赞赏。文华在《夜店》后没续聘丁辰，昆仑公司就把他请去工作了。

《夜店》着力描写都市底层，讲述住在鸡毛店里各种各样贫民的悲惨生

活，以杨七和小妹（周璇演）、店主老婆赛观音（童芷苓演）的爱情三角纠葛为主线。赛观音不忘自己和杨七的旧情，逼迫杨七放弃对小妹的爱情，二人的多次纠纷都是话剧中的精彩片段。后来，赛观音毒死了丈夫独眼龙，栽赃杨七，杨七被捕，小妹被卖，各自走上绝路，人物的悲惨结局对当时社会做了一定程度的揭露。在一群住户中，莫愁演的皮匠妻子把劳动人民的单纯朴实和对美好生活的向往，表现得真实感人。因人物性格没什么发展，周璇在饰演小妹时难以发挥。影片虽然表现贫民窟生活，但因明星云集，又逢春节上映，依然卖座鼎盛。

文华以一个摄制组的人员，一年完成了五部影片，都取得极好的营业效果，这使资方吴性栽情绪高涨，第二年就展开两个摄制组同时拍摄的计划。

文华第一年的影片都是中型规模制作，除了有些本厂场地外景外，极少出现上海以外的外景，因此拍摄进度紧凑，并节约了成本。在1947年下半年，文华又聘请了著名编剧曹禺担任导演，同时还聘请从话剧导演转入电影界的洪谟。他们都自己编写了剧本，1948年初可投入拍摄。此时，吴性栽租下斜土路"电工"厂（即现在科影厂北部）的摄影棚与本厂同时进行双轨拍片。文华的规模逐渐扩大。

《生死恨》（1948）

文华影片公司出品的《生死恨》由费穆导演，黄绍芬摄影，梅兰芳、姜妙香主演，是中国第一部彩色影片。

抗日战争爆发后，上海沦陷，梅兰芳蓄须明志，罢歌罢舞，直到抗战胜利后才重登舞台。1947年冬，费穆导演以华艺影片公司的名义邀请梅兰芳拍一部京剧影片，经商议，他们决定拍《生死恨》。受电影时长所限，将原舞台演出的21场缩成19场。厂长吴性栽决定投资，意将《生死恨》制作成中国第一部彩色片。

影片摄影黄绍芬首次使用16毫米彩色反转片，他冒着可能失败毁誉的风险，大胆摸索、钻研彩色原理，反复试验找出彩色片的照明、洗印特点。

梅兰芳　　　　　　　《生死恨》剧照　　　　　　《生死恨》海报

影片使用美国生产的 Ansco 牌 16 毫米的彩色反转片，该胶片盒上附有显影液的配方。洗印由颜鹤鸣负责，经过多次试验，彩色还原稳定。在文华本厂棚内拍摄的《生死恨》虽以华艺公司名义拍摄，但摄影、照明人员都是文华的人马。此后，文华又购进了数台一万瓦大型弧光灯等设备，费资不贷。

　　《生死恨》于 1948 年 6 月 27 日在上海徐家汇、原联华三厂的二号摄影棚内开拍。拍摄首日，上海戏剧界、文化界、新闻界许多朋友都赶来助阵，从当晚 9 点，一直拍到天亮。梅兰芳卸妆时，摄影师黄绍芬不住声地称赞梅兰芳："摄影机一动，梅先生就进入戏中的角色，这在电影演员里也很难得。"拍摄期间，黄绍芬在现场同时拍摄两条胶片，一条作为原底保留，另一条送往美国印制 35 毫米影片。影片录音仍用 35 毫米正规机器录音。剪接完成后，再将底片送去美国扩印为 35 毫米（声带也印上），这样彩色片就可以制作完成。

　　最后影片扩印寄回，彩色尚称过关，但受当年扩印水平的限制，全景镜头中人物脸上眉目不清，影响了质量。不论如何，中国第一部彩色片比第一部有声片的制作过程似乎简短得多。

　　1948 年 11 月，《生死恨》在上海隆重试映，之后分别在大光明、皇后、黄金三大戏院正式公映，"中国第一部彩色影片"的大标题在各报纸杂志和电影海报、广告上非常醒目，吸引了大批观众前往观看，具有划时代意义。

这部影片的问世，在中国影坛引起震动，同时也向世界宣布：中国电影开始涉足彩色领域！

《艳阳天》（1948）

曹禺编导的《艳阳天》由石挥、李丽华主演，在文华本厂二号棚拍摄。片中主要人物是个爱打抱不平的穷律师，外号"阴魂不散"。影片主要讲述他与霸占孤儿院房产的奸商金焕吾（李健吾演）的斗争。这个人物除了敢抗强暴外，还幽默达观，有时手执渔鼓唱上几句"道情"，具有多样的性格。

电影《艳阳天》剧照，演员石挥（左一）、石羽（右一）、韩非（左二）、李丽华（右二）

但是他争取最后的胜利是经法院诉讼，依靠法律而取得，这就不免为当时进步舆论所指责，也使这个主要人物带上理想化色彩，虽经石挥再创作，到底没能超越曹禺以前话剧中所塑造的典型人物。影片中李丽华出演律师的侄女一角，她一改以往靓女形象，演了个朴素的女学生，令人耳目一新。该片拍了近四个月，曹禺排演认真，一个镜头排演数十次，有些演员较难适应。影片于5月下旬上映，上座成绩中上，似未如预期之好。

《哀乐中年》（1949）

人生到了五十岁应该期待什么？工作，享福，还是别的？这是桑弧在自己编导的影片《哀乐中年》中的深沉思考。片中的小学校长陈绍常（石挥饰）在五十岁生日那天，收到他儿子送上的生日礼物竟是未来寿穴模型，儿子还叫他离开那不体面的小学，回家休息当"老太爷"。五十岁是生活的坟墓还是生活的开始？陈绍常无法忍受这种末日般的生活，终于摆脱了儿子的经济压力，又重新恋爱、结婚并再办了新的学校，为后半生书写了新的乐章。影片在1949年初摄制，由石挥、韩非、朱嘉琛主演。这部严肃而带有哲理性的影片，却以含蓄而淡雅的风格表现，是桑弧早期作品中的代表作。该片在20世纪80年代意大利举行的中国电影回顾展中放映，获得很大赞扬。

电影《哀乐中年》剧照，演员石挥（左一）、韩非（右二）、李浣青（右一）

《越剧菁华》《相思树》（1950）

继1948年拍摄中国第一部彩色戏曲片《生死恨》之后，1949年黄绍芬又为文华影片公司拍摄了彩色越剧戏曲片《越剧菁华》，桑弧出任导演。电影由四个折子戏组成："楼台会"一折，演员范瑞娟、傅全香；"贩马记"一折，演员徐玉兰、王文娟；"双看相"一折，演员袁雪芬、徐玉兰、筱小招、吴小楼；"卖婆记"一折，演员竺水招、戚雅仙。这部集一代越剧宗师演出的影片于1950年1月完成并上映。

1949年，黄绍芬（左）在《越剧菁华》拍摄现场

1950年3月文华影片公司又拍摄了彩色越剧戏曲片《相思树》，本片由黄绍芬与韩义合作任导演，袁雪芬、陈金莲等主演。20世纪80年代出版了珍藏版《相思树》VCD光盘。

1950 年，彩色越剧戏曲片《越剧菁华》《相思树》宣传资料。除担任摄影外，《相思树》拍摄期间黄绍芬还任合作导演

《太平春》（1950）

1950 年春节后，桑弧编导的《太平春》开拍。影片写一位老裁缝（石挥饰）本想把女儿（上官云珠饰）许给徒弟根宝（沈扬饰），但地主赵老爷垂涎老裁缝的女儿，派壮丁把根宝抓走，迫使老裁缝把女儿嫁他做妾。成婚之日，在乡亲帮助下二人逃离虎口，老裁缝和女儿在新中国成立后才得以团圆。影片公映后，被影评人在

电影《太平春》剧照，演员石挥（左）、上官云珠（中）、沈扬（右）

报刊上大肆批评。不久，柯灵写给黄佐临和桑弧一封信，说夏衍看了影片，对创作人员揭露旧社会、迎接解放的进步倾向表示鼓励支持，影片还是好的，那类批评是不公正的。当时中共华东局宣传部另一领导姚溱也对影片予以赞扬。柯灵还要求将此信在文华公司布告栏内张贴。他们的支持给走上创作新路的文艺工作者以很大的鼓舞。

1989 年 6 月 4 日，《解放日报》发表黄绍芬追忆 1949 年 7 月 7 日中国人民解放军进驻上海的一篇文章，题为《心潮激荡忆解放》。当时激动人心的场景被黄绍芬用镜头和文字一一记录下来。

> 我从事电影摄影工作整整 62 年了，曾经历过两个不同的时代。一生中最使我激动和难忘的要算是 1949 年 7 月 7 日这一天。这天上午，尽管阴雨霏霏，当大家得知人民解放军要进驻上海的消息后，奔走相告，在虹口地区，男女老少自发地涌出家门，冒雨站在街道两侧，欢迎人民解放军进城。作为电影摄影工作者的我，更是兴高采烈，投入了盛大的群众的欢迎行列。当时，上海有近 10 个电影制片公司的摄影师扛了 20 多架摄影机分布在几条主要马路口，准备将这珍贵的历史镜头记录下来。我被安排在虹口公园附近山阴路的主要道口上，架起电影摄影机，等待人民解放军的到来。"向中国人民解放军致敬！""伟大的中国人民解放军万岁！"当步伐整齐，身着朴素的军服，一个个面带笑容的人民解放军战士出现在群众面前时，鼓掌声、欢呼声在上空回荡。特别当陈毅、粟裕、潘汉年等领导人出现时，群情振奋，不少老工人喜泪纵横。这些动人情景一一被记录在我们的胶片里，但更重要的是将永远铭刻在我的心里。

1950 年劳动节，文华影片公司参加游行，庆祝新中国成立。此为黄绍芬拍摄的文华公司游行照片，前排：宏霞（右一）、梁明（右二）、林榛（右三）、王洁（右四）、胡小函（右五）

1950 年劳动节游行时，看到越剧演员徐玉兰（左）、王文娟（右）也在文艺界游行队伍中，黄绍芬随手拍下了这张照片

1951年，黄绍芬获先进工作者称号。表彰会上，演员苏芸（左）为黄绍芬佩戴大红花

文华公司直到1947年2月初才开始拍片。当时文华公司位于徐家汇三角街三十号原联华影片厂的旧址（即现在上影厂西部的前半部），和昆仑公司各占一半。"文华"用二号大棚，"昆仑"用一、三号两个中棚。厂内主要办公楼楼下五间正房也一分为二，文华在西半，昆仑在东半，东西厢房也分着用。二楼则改为宿舍，住着昆仑的导演史东山、郑君里、吴茵三家。后来文华的化妆间也搬了上来，两年后又改为剪接间。这幢楼在新中国成立后被拆除，上影厂照原样复制模型后，黄绍芬在模型前留影纪念。

20世纪50年代初，黄绍芬在模型前留影

第五节 上影佳作（1953—1964）

上海是中国电影的发祥地，1921 年中国第一部正式意义上的电影故事片在上海诞生，1949 年之前中国电影主要生产地也在上海。新中国成立后，1949 年 11 月 16 日国营上海电影制片厂宣告成立，由于伶任厂长。1950 年上影厂拍摄完成建厂后第一部故事片《农家乐》。当时昆仑影片公司、文华影片公司等私人公司也在拍摄电影。直至 1952 年 2 月，上海长江电影制片厂、昆仑影片公司、文华影片公司、国泰影片公司等八家私人电影企业联合组建为国营上海联合电影制片厂。此时黄绍芬随文华影片公司一起进入上海联合电影制片厂，并担任摄影科科长。根据黄绍芬生前的工作日记，当时上海联合电影制片厂的技术力量相当强大。黄绍芬进厂后对摄影器材进行了清点，并着手准备 1952 年生产计划。不久后，根据上级领导指示，上海联合电影制片厂和上海电影制片厂合并，仍沿用上海电影制片厂厂名。两厂合并使上海电影的艺术创作水平和生产力量得到了提高，黄绍芬在上海电影制片厂任摄影总技师。

1953 年，桑弧担任导演、黄绍芬负责摄影，拍摄了新中国第一部彩色片《梁山伯与祝英台》。1957 年，谢晋担任导演、黄绍芬负责摄影，拍摄了新中国第一部彩色体育题材故事片《女篮 5 号》。1958 年，沈浮担任导演、罗从周负责摄影，拍摄了新中国第一部彩色宽银幕立体声故事片《老兵新传》。1959 年，郑君里担任导演、黄绍芬负责摄影，拍摄了新中国第一部彩色音乐传记片《聂耳》。短短十年，上海电影制片厂成为中国电影最大的生产基地。

《梁山伯与祝英台》（1953）

1952 年 10 月北京举行第一届全国戏曲观摩大会，越剧《梁山伯与祝英台》进京演出获得了成功。当时的国家主要领导人都欣赏了《梁山伯与祝英台》。

不久文化部下发通知，根据毛泽东主席指示，要把《梁山伯与祝英台》拍成彩色电影，周恩来总理对此更是给予直接的关心与具体指导。

1953 年 3 月，周恩来指示上海市文化局局长夏衍，希望上影厂摄制这部彩色电影。接受任务后，上影厂投入精兵强将。由新中国成立前有过拍摄彩色片经验的黄绍芬负责摄影工作，由擅长执导文艺生活片的桑弧担任导演，两人又是文华影片公司的老搭档。这是新中国第一部真正的彩色电影，可当时缺乏拍彩色电影的条件，照明设备、彩色胶片都没有。此前黄绍芬虽然用彩色反转片拍过《生死恨》《越剧菁华》《相思树》三部 16 毫米彩色戏曲片，色彩非常鲜艳，效果也很好，但都只是戏曲片段，而且声画分离，放映困难。为拍《梁山伯与祝英台》，夏衍通过苏联向东德进口了阿克发日光型 35 毫米彩色胶片，后来发现是过期的，感光度不够，一定要在日光下才能拍出效果。拍彩色片对光的要求很高，经试验，过期的日光型彩色片感光度只有威士顿 12 度，厂里把所有的钨丝灯全部用上还是不够。加上当时上海电厂还遭到逃到台湾国民党当局的破坏，电力电压均不足，影响了拍摄进程。夏衍来到摄影棚，问黄绍芬需要什么设备。黄绍芬提出能否用几台防空探照灯的发电车，增加炭精灯，以提高摄影棚内的光亮度。夏衍采纳了建议，向陈毅市长借来防空用的探照灯发电车，但有一个条件，每天早晨将其运到上影厂拍《梁山伯与祝英台》，傍晚五点一定要将其送回防空阵地，因为那时上海刚解放，为保证城市安全防空探照灯不可缺少。1953 年 4 月，在《梁山伯与祝英台》筹拍期间，周总理和邓颖超来上海，亲切接见了《梁山伯与祝英台》主创人员桑弧、黄绍芬、袁雪芬、范瑞娟，以及上海电影界人士，并合影留念。经过几个月的试拍，1953 年 7 月《梁山伯与祝英台》终于进入拍摄阶段。为了表现"情种"，拍摄井中倒影，黄绍芬设计了一块玻璃框，上面放上水，摄影机机位放在玻璃底下，拍摄时摇动玻璃框，水就动了，完全再现真实的水中倒影，取得了很好的效果。这个堪称中国的"罗密欧与朱丽叶"的故事终于拍成。1953 年 11 月，周总理在审看样片后非常高兴地说："谢谢你们，我可以第一次用我们自己的国家摄制出品的彩色片来招待各国外交使节，可以第一次送到我们各个大使馆，宣传我们自己的电影艺术了。我要把这部新中国第一部彩色戏曲艺术片带到国外去参加正要召开的会议。"果不其然，1954 年 5 月周总理率领中国政府代表团赴瑞士出席日内瓦国际会议，这是新中国成立后首次以苏、美、法、英、中五大国家之一的身份参加的国际重要会议。会议期间举行电影招待会，会上放映了《梁山伯与祝英台》这部彩色电影，放映过程中全场异常肃静，观看电影的各国外交使者和记者相当入戏。当影片放映到结尾"哭

1953 年，黄绍芬拍摄《梁山伯与祝英台》

坟化蝶"时，全场都情不自禁地发出一片同情的感叹声，沉默片刻后，又突然爆发出热烈的掌声。西方国家记者看后说："新中国成立不久，就能拍出这样的片子，说明中国政局稳定，这一点比电影本身更有意义。"喜剧大师卓别林对周恩来说："想不到中国能拍出这么高水平的艺术片！影片故事好！表演好！音乐好！色彩好！"

　　6 月 8 日，周总理宴请以艾登为团长的英国代表团，并招待他们观看电影《梁山伯与祝英台》。艾登极为赞赏："影片的色彩鲜艳，服装美丽，表演优异。"他还建议中国向外国出口这部影片。

　　其他国家的社会名流看了之后纷纷赞许道："这是东方式的细腻演出。"鉴于这部影片的轰动效应，周总理又将它拿出到中、苏、朝、越四国代表团举行的联欢会上放映。

　　彩色影片《梁山伯与祝英台》完成后，导演桑弧和摄影黄绍芬为此受到表彰，荣获上影厂颁发的"辛劳的创造"锦旗。该片获文化部（1949—1955）优秀舞台艺术片一等奖。

在荣誉前黄绍芬对自己的要求很高。他曾经写过一篇文章，表示《梁山伯与祝英台》还有不足之处，说"色调鲜明"是做到了，但在某一些画面的设色和构图上掌握得不够恰当，背景的华美超过了应有的限度，以致分散了观众对演员的注意力。而且，由于对摄制彩色片还没有足够的经验，他在拍摄时主要把精力放在正确表达色彩上了，在气氛创造上就相当拘谨，不敢大胆运用明暗的处理，使影片的质量打了折扣。

《梁山伯与祝英台》为彩色戏曲艺术片，由上海电影制片厂于1953年摄制。此片于1954年获第八届卡罗维·发利国际电影节音乐片奖，1955年获文化部优秀舞台艺术片一等奖、英国第九届爱丁堡国际电影节映出奖。1955年5月27日，此片在法国巴黎明星电影院公映，成为在法国公映的第一部新中国影片。

《梁山伯与祝英台》剧照（组图）

《梁山伯与祝英台》剧组关机照。第五排左一为黄绍芬（穿白衬衫）

中国第一部彩色片《梁山伯与祝英台》完成后，上影厂召开表彰大会，右获奖者为黄绍芬，左获奖者为桑弧

《梁山伯与祝英台》获奖证书，黄绍芬于1957年获中华人民共和国文化部1949—1955优秀影片个人一等奖

　　1953 年，在电影技术设备还很落后的情况下，黄绍芬率先拍摄完成新中国第一部彩色戏曲片《梁山伯与祝英台》。紧接着，他又拍摄了故事片《伟大的起点》《广场杂技表演》《天罗地网》。其中，《伟大的起点》被文化部评为"1949—1955 年优秀影片三等奖"。

1954 年拍摄的《伟大的起点》剧组关机照，影片获文化部 1949—1955 优秀影片三等奖。黄绍芬在第三排右一

1955 年《广场杂技表演》剧组关机照，影片由上海市人民杂技团出演

1955 年《天罗地网》剧组关机照，影片导演顾而已（第二排左七），摄影黄绍芬（第二排左四），主演陈天国（第二排右二）、黄宛苏（第二排左五）

《宋士杰》（1956）

　　《宋士杰》又名《四进士》，彩色京剧艺术片，导演应云卫、刘琼，摄影黄绍芬，主演周信芳、李玉茹、童芷苓等。黄绍芬曾在1937年拍摄周信芳主演的《斩经堂》。而作为麒派艺术最具代表性的作品《宋士杰》，是黄绍芬第二次拍摄的麒派艺术作品。影片完成后在香港和东南亚放映获得好评。

《宋士杰》剧照

香港影讯介绍影片《宋士杰》，
特别介绍了摄影师黄绍芬

1956年《宋士杰》剧组关机照，导演应云卫（第四排右八）、刘琼（第四排右十）、
摄影黄绍芬（第四排右十一），主演周信芳（第四排右九）、李玉茹（第四排右七）、
童芷苓（第四排右十二）

《十五贯》（1956）

上海电影制片厂拍摄的彩色昆曲戏曲片《十五贯》，导演陶金，摄影黄绍芬、陈震祥，演出浙江昆苏剧团，表演顾问俞振飞。影片讲述了无锡肉铺老板尤葫芦的女儿被诬告贪财杀父，最终冤屈得以昭雪的故事。该剧情节曲折跌宕，故事扣人心弦，引人入胜。1956 年 4 月 10 日昆曲《十五贯》开始在北京广和剧场演出，获得极大成功，剧组于 4 月 17 日进中南海为毛泽东主席等中央领导演出。两天后周恩来总理也看了演出，并传达毛主席对《十五贯》的三点意见：好戏、要推广、剧团要奖励。剧中昆曲艺术家王传淞的演技灵活精湛，周传瑛的演技娴熟潇洒，给《十五贯》增添了传世风采。当时昆曲艺术面临失传，为了将昆曲优秀剧目保存下来，周恩来总理指示要将《十五贯》搬上银幕。上海电影制片厂接受了拍摄任务，同年第三季度成立了摄制组，由陶金导演，擅长拍戏曲片的黄绍芬担任摄影。电影《十五贯》开拍时间是 1956 年 9 月 3 日，这天原定拍摄"被冤"一场戏四个镜头，因为导演、摄影、演员合作得好，超额完成了一个镜头；11 月 14 日完成最后一个镜头；12 月 21 日包括后期录音在内的全部拍摄工作顺利完成。1957 年 2 月 13 日至 19 日，电影《十五贯》《宋士杰》参加上海市文化局主办的"1956 年影片展览"，在上海 23 家影院同时放映。可谓一出戏救活了一个剧种。

拍摄《十五贯》(1956) 时的工作照

1956 年，昆曲戏曲片《十五贯》工作照，左一为黄绍芬，左三为导演陶金

1956 年《十五贯》剧组关机照，最后一排右四为黄绍芬、三排右十为俞振飞、前排右四为陶金

　　黄绍芬拍摄戏曲片始于 1937 年周信芳主演的《斩经堂》，之后又在 1948 年成功拍摄了由梅兰芳主演的中国第一部彩色戏曲片《生死恨》。新中国成立后，黄绍芬在 20 世纪 50 年代成功拍摄了彩色戏曲片《梁山伯与祝英台》《宋士杰》《十五贯》和张君秋主演的彩色京剧戏曲片《望江亭》。他于 1980 年拍摄的收山之作《白蛇传》仍是京剧戏曲故事片。黄绍芬一生拍摄的戏曲片多达十部，而且在摄影处理上，每部戏、每个剧种因剧而异、各显风采，为保存中国戏曲艺术做出了贡献，被业内人士称为中国戏曲电影摄影的重要探索者和引路人。

《女篮5号》（1957）

　　1957 年上影厂拍摄的影片《女篮 5 号》是新中国成立后第一部体育题材

的彩色故事片，编导谢晋，摄影黄绍芬、沈西林，主演刘琼、秦怡、曹其纬。

影片描写了一对男女篮球运动员的故事。影片以环境描写为主要的抒情手段，通过含蓄洗练的电影语言表达了人物细腻的感情。该片在香港放映时，更名为《爱情的玫瑰花》，颇受好评。影片的插曲《青春闪光》传唱一时。

影片于1957年获得第六届世界青年联欢节举办的国际电影节金质奖章，1960 年又获得墨西哥国际电影节"银帽奖"。

1957《女篮5 号》工作照，黄绍芬（前排左），导演谢晋（前排右）

《女篮5 号》剧照之一，主演刘琼（左）、秦怡

《女篮 5 号》剧照之二

《女篮 5 号》剧照之三

《林则徐》《聂耳》《枯木逢春》（1958—1961）

黄绍芬曾经专门总结拍摄这三部电影的体会：剧本的思想内容决定艺术表现形式，运用光影、色彩、气氛打造总体色调，反映影片所表现的时代本质与特征。再进行具体分场设计，使镜头画面既具有贯穿始终的统一性，又具有每个不同场景的变化。就像一幅好的美术作品，既有总体色调气氛，又有色彩斑斓的局部点缀，主次分明，虚实相宜。

在影片《林则徐》中，为了表现林则徐挑灯夜战直到第二天的情景，在夜景的处理上采取较为暖和的色调，有意识地提高光亮度，营造出室内清洁、明快的气氛。表现早晨气氛的方式，是在窗子内外放少量的白烟，使透过五彩嵌花玻璃窗格投射到林则徐身上的光形成一道道光柱。而处理反派角色义律在室内同一时段的镜头，则有意识地压低日景气氛，用一只角度较高的灯照在人物的正面，加强脸部的凹凸感；一只小聚光灯照在人物下颚，显示烛光效果；再用一道蓝紫色光从左侧打在人物脸部，使之呈现青灰色，勾画出人物的阴险心理，和表现林则徐的方式形成鲜明对比。在影片《聂耳》中，为了表现聂耳在创作《毕业歌》时的澎湃激情，黄绍芬设计了一道粗犷有力的暖色调强光，将其投射在作为后景的纱幕上，造成强烈的光影效果，与激昂的歌声互相陪衬。在影片《枯木逢春》中，黄绍芬借鉴了民族绘画和戏曲的手法。表现深重苦难时，采用低角度、广角镜拍摄，再通过横移镜头，展现荒冢累累、乌鸦孑立、死水枯枝、断墙颓垣、野草丛生的景象。表现"毛主席来了"，采取以虚代实、以一当十的手法。为了突出女主角想念、热爱毛主席的感情，用12个机位相同、构图不同的镜头，由全景跳到中景，再由近景跳到特写，最后出现她那双眼睛的大特写，表达人民群众对领袖的热爱和喜悦。

这三部完成于20世纪50年代末、60年代初的作品，在人物塑造，气氛渲染，用光、用色以及镜头的选择和调度等方面，都达到了炉火纯青的程度。业内把《林则徐》（1958年底上映）和《聂耳》（1959年初上映）这两部佳作誉为"红烧头尾"。一种说法是在1959年庆祝中华人民共和国成立十

周年的献礼片中，《林则徐》《聂耳》
从全国各地送去的 22 部影片中脱
颖而出，被安排在一头一尾放映，
所以叫"红烧头尾"。

电影摄影师用光与影塑造银幕
上的人物形象，是电影幕后工作者。
黄绍芬这张照片是他一生中，少有
的从幕后走到镜头前面，做临时演
员的留影。

那是 1959 年，正值中华人民
共和国成立十周年，为了展示上影

1959 年，黄绍芬在摄影机旁

厂创作和生产的十年成果，《上影画报》国庆特刊中有一个版面刊登了一张
黄绍芬站在摄影机旁的照片：以他为"中心"，周围一圈是上影厂十年来所
拍摄优秀影片的剧照。

那年黄绍芬同时为《聂耳》《林则徐》两部献礼片担任摄影工作，这张
照片也许是对他工作的认可，也许是因为他具有电影摄影师的特殊气质。对
他而言，这是一张具有特殊意义的照片，也是他本人最喜欢的照片。

1.《林则徐》（1958）

上海海燕电影制片厂摄制的彩色古装剧情片《林则徐》，是 1959 年国
庆十周年十部献礼片之一，该片导演郑君里、摄影黄绍芬、主演赵丹。影片
讲述 19 世纪中叶林则徐奉旨到广州禁烟，在人民群众的支持下，与英国鸦
片贩子和中国贪腐官员进行坚决斗争的故事。

周恩来总理对影片拍摄给予极大的关心。在该片拍摄过程中，周恩来总
理特地委托人把他刚从广州得到的一首有关三元里平英团"抗英战斗的诗"
送到摄制组，嘱咐导演好好研究，认真把握广州人民奋起抵抗英国侵略军的
这条线。1958 年盛夏的一个晚上，上影厂摄影棚内灯光通明，该剧组正在拍

摄《林则徐》的最后一场戏——三元里人民奋起抗击英国侵略者。突然，一个熟悉的身影出现在摄影棚门口，是周总理来了！大家顿时欢呼起来。周总理白天开了一天会，晚上到摄影棚看望大家。周总理和大家一一握手问好。当见到黄绍芬时，周总理问："绍芬同志，怎么样？现在的摄影条件比 1953年好一点啦？"听到黄绍芬肯定的回答后，周总理高兴地笑了，并与黄绍芬合影留念。该片是第一部在美国上映的中国彩色故事片，影片于 1995 年获中国电影"世纪奖"，是中国电影九十周年十大优秀影片之一。

1958 年，郑君里、黄绍芬在虎门为电影《林则徐》选取外景

《林则徐》水中拍摄现场

《林则徐》拍摄现场，黄绍芬（左一）工作中

《林则徐》在摄影棚内拍摄的工作照

《林则徐》主演赵丹（左）

《林则徐》剧照，主演赵丹、邓楠、秦怡、高博、温锡莹（组图）

《林则徐》美术韩尚义设计的气氛图

1958年《林则徐》海报　　　1958年《电影技术》第八期
　　　　　　　　　　　封面为《林则徐》工作照

2.《聂耳》人物传记片（1959）

上海海燕电影制片厂拍摄的人物传记片《聂耳》，是国庆十周年献礼影片之一，该片导演郑君里，摄影黄绍芬，主演赵丹、张瑞芳、江俊、王蓓。该片主创人员郑君里、黄绍芬、赵丹与聂耳是同时代的人，而且都是聂耳生前的好友。黄绍芬在20世纪30年代联华影业公司期间与聂耳是同事，1933年拍摄《母性之光》的时候，与聂耳朝夕相处。聂耳对人热情诚恳、对生活乐观、好学不倦的勤奋精神，给黄绍芬留下了难忘的印象。摄制组成立后，主创人员首先一起缅怀当年与聂耳相处的情景。郑君里导演在案头准备阶段，采用由下而上、集思广益的做法，无论是研究剧本还是分析角色都与主创人员一起切磋，从而使剧本在主题思想、艺术处理上达到意见统一。拍摄顺利完成后，作为建国十周年献礼片，《聂耳》压台放映，获得了高度好评。在1960年第十二届卡罗维·发利国际电影节上，《聂耳》上映并获传记片奖。

1959年，黄绍芬与韩尚义（左）在武汉看外景

1959年，黄绍芬观察《聂耳》外景时拍摄的外景（组图）

1959 年，郑君里（左）和黄绍芬在长城拍摄的工作照

1959 年拍摄《聂耳》期间，黄绍芬在长城留影

1959年，《聂耳》摄制组在长城合影。前排左一为黄绍芬、左四为郑君里、左六为赵丹，站立左五为江俊、左十为韩尚义

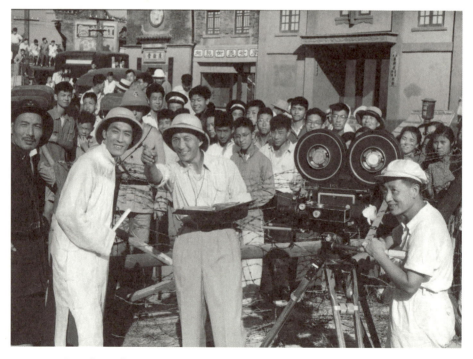

1959年，《聂耳》拍摄现场，导演郑君里（前排中）与黄绍芬（前排右，掌机者）

1959年《聂耳》工作照，赵丹（左）、郑君里（中）、黄绍芬（右）

1959年，剧组拍摄《聂耳》时合影。前排左起：仲星火、张瑞芳、江俊、赵丹。
后排左起：黄绍芬、郑君里、高博

《聂耳》剧照，主演赵丹、张瑞芳、江俊、高博、王蓓、黄宗英（组图）

《聂耳》美术韩尚义设计的气氛图之一

《聂耳》美术韩尚义设计的气氛图之二

《聂耳》海报

3.《枯木逢春》（1961）

影片《枯木逢春》根据轰动一时的同名话剧改编，由上海海燕电影制片厂拍摄。该片导演郑君里，摄影黄绍芬，主演尤嘉、徐志骅、上官云珠。影片讲述了新中国成立前，血吸虫病严重危害人民群众的健康与生命，解放后在党和政府的积极带领下，消灭血吸虫病，人民重获新生的故事。影片叙事流畅，构思与拍摄手法新颖，曾被多位史学家评为中国电影史上的经典电影。20世纪60年代，国产电影已进入彩色世界，然而由于题材的需要，该片用黑白胶片拍摄。在序幕方家逃难一场戏里，为了表现阴沉、压抑的氛围，在荒冢累累、枯树凋零的荒郊布景中，黄绍芬很好地利用黑白片的影调，加上人造烟雾的气氛，使影片的画面充分表现大地茫茫、不知所向的意境。本片的黑白摄影十分成功，获得了业内一致的好评。《枯木逢春》成了当时北京电影学院摄影系的教材影片。

郑君里（中）、黄绍芬（左）、韩尚义（右）合照，三位友谊深厚，在艺术创作上有共同追求，合作拍摄了《林则徐》《聂耳》《枯木逢春》三部优秀影片，被誉为"上影创作铁三角"

《枯木逢春》剧组观察外景，黄绍芬（左二）与韩尚义（右二）

《枯木逢春》外景现场，黄绍芬在血吸虫发病地观察外景时拍摄的纪实照（组图）

《枯木逢春》拍摄现场，黄绍芬为演员蒋天流测光

黄绍芬拍摄的这张苦妹子照片，荣获1986年上海电影剧照展第一名

《枯木逢春》剧照，两位青年演员尤嘉（左）、徐志骅（中）是大学生、非专业电影演员。在老演员上官云珠（右）带教下，二人成功塑造了剧中人物

《枯木逢春》剧照（组图）

　　《枯木逢春》拍摄期间接待外宾（前排右三）时合照，郑君里（前排左三）、黄绍芬（前排右二）

《枯木逢春》苦妹子家气氛图（图为韩尚义保存的珍贵原稿），美术韩尚义设计的布景，经导演郑君里，摄影黄绍芬和厂长签字后，再由美工在摄影棚内制景

《枯木逢春》美术韩尚义设计的"走廊巧遇苦妹子"场景气氛图

《枯木逢春》美术韩尚义设计的"挑灯夜战"场景气氛图

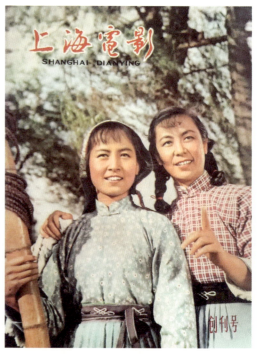

《上海电影》创刊号封面。该刊创刊于1960年11月1日，《枯木逢春》剧照为其创刊号封面

1962 年 2 月 21 日，黄绍芬在《解放日报》上发表了《〈枯木逢春〉的摄影工作》一文。

一部优秀的影片，必须努力做到"四好"，即好故事、好演员、好镜头、好音乐。这是广大观众提出的要求。"好镜头"主要在于，更好地掌握电影的特性，善于通过塑造形象表达人物的思想感情，揭示人物的性格特征。这就需要根据导演的统一构思，依靠摄制组各个部门的共同创造。

作为一名摄影师，则尤须以"好镜头"的要求来鞭策自己。电影摄影的造型任务，包括画面构图、镜头运用、光线处理、气氛渲染与场面调度等方面。摄影师的创作激情、生活知识、艺术修养、技术经验，以及他对剧作题材、样式、风格的理解，是摄影创作的基本条件。它们直接影响着电影镜头的质量。

"好镜头"的基础是分镜头剧本。这是导演艺术构思的集中体现，也对能否达到"好镜头"的要求起着主导作用。作为主体的导演构思，怎样体现于画面造型，达到"好镜头"的要求，就要依靠摄影和美工的紧密结合。因为摄影师运用光线，塑造特定情景的环境气氛，是以美工师设计的布景为基础的；而场面调度、镜头运用（包括各种景位的拍摄及镜头移动等等），更有赖美工设计提供条件。例如，《枯木逢春》中"重逢"一场，就是因为美工设计与摄影处理比较和谐统一，才能较好地体现导演构思。

苦妹子与方冬哥失散多年，在意外情况下重逢，很有传奇性。为了揭示人物这时的内心状态，导演要求在场面调度、镜头运用、转换等方面，尽力造成一种扑朔迷离的感觉，以衬托他们又惊又喜的激动心情。美工师韩尚义同志根据这个要求设计了这堂富有纵深感、层次分明的布景，运用回廊、花坛、门洞、高低台阶以及某些前景的布置，不仅为增强戏的动作与调度创造了非常有利的条件，而且给摄影工作提供了丰富的拍摄角度。

　　冬哥跟随护士走进回廊，这时，苦妹子从窗口走过，她在向医生查问自己的诊断情况时说出了"苦妹子"三个字，引起了冬哥的注意。苦妹子在窗口匆匆一闪，产生一种若隐若现的意境。接着，摄影机拍摄冬哥试探走近，马上又转拍苦妹子刹那间的惊慌。这时站在她身后的冬哥，想看又看不清，而苦妹子则想躲又躲不开。苦妹子走下台阶，折入小天井，产生一种若即若离的情趣。这里，镜头处理有意透过回廊，看出后景的往来人群，再远处是辽阔的天空，表现了镜头画面的层次与变化，也给前景的主要人物以陪衬。

　　再如，"苦妹子家"的布景，颇有独特的设计匠心。远处青山隐隐，近有绿水池塘，屋角翠竹环绕，翠竹丛中伸出一条小径，既表现了江南农村的景色，又富有特征。布景中的翠竹不是一种点缀，具有以竹喻人的寓意；摄影也突出表现竹的形象，刻画苦妹子强烈的求生意志。同时，月光下竹影摇曳，也有助于描写人物内心的变化。特别在冬哥来访的两场戏中，我们借此渲染气氛，努力使它与人物心理交织在一起，希望起到推波助澜的作用。……

　　所有这些说明，为了完整与准确地体现导演构思，独特与生动地处理镜头画面，摄影、美工的创作必须融为一体，力求做到和谐统一。

　　除了与美工紧密结合，摄影师还要依靠烟火、照明等部门的配合，这是摄影创作的技术手段。在《枯木逢春》的拍摄中，照明、烟火工作显示了出色的成绩。例如"序幕"一场描写天灾兵祸的双重压迫，我们在摄影棚里施放人工烟雾，制造一个"大地茫茫，不知所向"的意境。同时，为了点出"满天乌云当头盖"，照明部门继影片《秦娘美》之后，又一次成功地采用光学投射方法，在天片上映现富有变化的云影，达到了预期的艺术效果。

　　《枯木逢春》的主要创作人员导演、摄影、美工、录音都是"老班底"，已经合作搞了好几部影片，结成了亲密的创作友谊。我们在创作实践中，相互帮助，取长补短，尤其是得到其他部门的热情帮助与支持，使我们敢于做创新的探索。

　　1961 年，黄绍芬担任上海天马电影制片厂总工程师。他全面掌管全厂摄影、录音、特技等技术部门的行政事务，负责把关全厂影片的技术质量及青年培养工作。

　　1963 年，黄绍芬（后排右二）陪同外宾参观《蚕花姑娘》摄制组时合影。前排白杨（左三），后排尤嘉（左二）、朱曼芳（左三）、程之（左一）

20 世纪 60 年代初，总工程师黄绍芬肖像照（组图）

《霓虹灯下的哨兵》（1964）

《霓虹灯下的哨兵》由上海天马电影制片厂摄制，导演王苹，摄影黄绍芬。该片最初是原南京军区前线话剧团于 1962 年创作演出的话剧，故事蓝本取材于驻守上海南京路上的好八连。话剧公演后获得极大反响。1963 年话剧进京演出期间，周恩来总理指示一定要把该剧搬上银幕，并予以特别关照：电影要用前线话剧团的原班人马。周总理点名要八一厂的王苹担任导演，因为她熟悉部队生活。为保证影片质量，时任上海天马电影制片厂总工程师的黄绍芬担任摄影。在拍摄过程中，电影得到市各级领导的关心和支持。在南京路实景拍摄时，为了方便剧组取景拍摄，上海市史无前例地封锁了南京路。

1964 年，南京路上拍摄现场，导演王苹（中）、摄影黄绍芬（左）与演员一起讨论拍摄方案

1964年，黄绍芬（左二）在《霓虹灯下的哨兵》南京路拍摄现场

1964年，黄绍芬和导演王苹（右）在《霓虹灯下的哨兵》拍摄现场

《霓虹灯下的哨兵》剧照，主演徐林格、宫子丕、马学士、袁岳、廖有梁、刘鸿声、陶玉玲（组图）

1964 年 9 月 11 日，《霓虹灯下的哨兵》剧组关机照，前排右三为编剧沈西蒙，前排右四为导演王苹，前排左一为黄绍芬

第六节　收山之作（1975—1989）

恢复工作，更新设备

1978 年上影厂恢复创作生产体制，黄绍芬重返领导岗位，担任上影厂总工程师兼技术办公室主任，分管全厂摄影、录音、照明、洗印、剪辑、特技、置景、烟火等技术部门。黄绍芬虽已过花甲之年，但依然精神矍铄，对工作充满热情。

此时，上影厂陈旧落后的器材设备，已经成为电影技术质量提高的阻碍。为摸清具体情况，黄绍芬和技术办公室同志对每一台摄影机、录音机进行测定，并将它们和国外先进设备加以对照，促使厂领导下了分期分批加以更新的决心。为此，黄绍芬亲自赴美国考察，为技术改造提供第一手材料，购置新型的 Moviecam 摄影机；将原来老式笨重的录音机更换为便携式的录音机，重新装备了录音棚并更新设备；研究并创造新的光源，将笨重的灯具的体积、重量减少了许多；还建造了洗印车间……

　　这一切为 20 世纪 80 年代初上影厂的飞速发展提供了技术上的保证，使上影厂 20 世纪 80 年代的精品佳作不断涌现。

1975 年，黄绍芬重返摄影棚

1978 年，黄绍芬与老摄影师吴蔚云（右）一起交流，上影厂的摄影业务水平得以充分保证

1982 年，黄绍芬在上影厂技术办公室大楼前

1983 年 11 月，黄绍芬（右）出访美国考察，为上影厂添置新型摄影机

1983 年 11 月，黄绍芬（右二）与戈永良（右四）访美，参观电影厂时与演员合影

1984 年 6 月，上影厂开始使用黄绍芬（右）赴美购置的 Moviecam 新型摄影机，摄影师卢俊福（左）用新购的摄影机拍摄了《高山下的花杯》

1984 年，黄绍芬（右）试用 Moviecam 新摄影机

1984 年，黄绍芬与上影厂新购的 Moviecam 摄影机

接待国外电影代表团

在担任上影厂总工程师期间，黄绍芬接待了大批国外来访的电影代表团，促进了国内外电影艺术交流。

1979 年 2 月 12 日，黄绍芬（右二）同美国电影代表团交流，摄于上影厂

1979 年 3 月 1 日，黄绍芬在上影厂接待美国电影电视协会专家代表团泰特·巴姆（左）

1979年3月24日，黄绍芬（前排左一）、白杨（前排左四）等接待日本电视友好访华代表团时合影

1979年4月16日，黄绍芬（前排右一）、赵丹（二排左四）、白杨（前排右六）、韩尚义（前排左二）等在上影厂接待日本《天平之甍》摄制组先遣队访华团后合影

1979年5月3日，黄绍芬与晏仲芳（左四）接待美国电影电视工程师协会技术专家福尔曼（左二）

1979年，黄绍芬（左）接待美国派拉蒙影业公司副总裁（右）

1979年12月4日在上影接待室，黄绍芬（前排右一）接待法国著名导演加菲拉司（前排左一），洪林（前排左二）、桑弧（后排左一）、黄晨（后排左二）陪同接待

1979年，上影厂接待荷兰电影大师伊文斯，邀其参观《珊瑚岛上的死光》摄制组后合影。前排：乔榛（左一）、张瑞芳（左二）、伊文思（左三）、伊文思夫人（左四）、张鸿眉（左五）、马军勤（左六）、黄绍芬（左七）。二排：徐桑楚（左一）、桑弧（左二）、向梅（左五）、韩尚义（左六）、东进生（左七）。三排：罗拯生（左一）、凌之浩（左二）、刘琼（左三）、艾明之（左四）

1980年，黄绍芬（右一）接待美国电影代表团

1980年，上影厂接待日本著名导演山本萨夫参观《白蛇传》拍摄现场时合影。前排：黄绍芬（左一）、秦怡（左二）、徐桑楚（左三）、李炳淑（左四）、山本萨夫（左五）。二排：陆柏平（左一）、杨在葆（左二）、桑弧（左四）、王世桢（左五）、方小亚（左七）、刘琼（左八）、傅超武（左九）

1980年5月20日，美国好莱坞电影特别访华团在上影参观《白蛇传》拍摄后，导演傅超武（前排右二）、摄影黄绍芬（前排右三）与代表团合影。厂长徐桑楚（前排右五）、演员王丹凤（前排左三）陪同参观

1981年7月，著名物理家杨振宁博士（左）访问上影时，与黄绍芬亲切交谈

1983年7月，英国导演查理·艾丁伯瑞爵士访问上影，其夫人（右）与黄绍芬握手

《白蛇传》（1980）

1980年，黄绍芬重操摄影机，与导演傅超武合作拍摄了彩色神话戏曲故事片《白蛇传》，担任总摄影。为了充分利用更多的时间，他自行设计并请人制作了一只可以定格查看电影画格的看片箱，每天下班回家后，就将白天冲洗的样片插入片槽内，拿着放大镜聚精会神地边看画格边做笔记，常常忘记了一天的疲劳、忘记了吃饭，不知不觉工作到深夜。

《白蛇传》的摄影突破了长期以来戏曲片都在摄影棚内拍摄的旧框框，运用内外景"虚实结合"拍摄的表现手法，情景交融，以抒情的笔调，营造神话般的气氛，叙述了一个缠绵感人的爱情故事，因而获得盛誉。《白蛇传》于1980年获得文化部优秀舞台艺术片奖，于1982年获得第五届百花奖最佳故事片奖（戏曲片）。

《白蛇传》工作照（组图）

《白蛇传》剧照，主演李炳淑、方小亚、陆柏平、苏盛义（组图）

《白蛇传》剧组关机照

1980 年，上海电视台在黄绍芬家中拍摄有关《白蛇传》的黄绍芬专题片《老骥伏枥千里志》

1982 年，《白蛇传》获中国第五届百花奖最佳故事片奖（戏曲片），黄绍芬（右二）与其他主创人员在西安颁奖大会现场

1982 年，《白蛇传》主创人员在西安领奖后合影，左起黄绍芬、李炳淑、傅超武、姜亦素

电视剧《洒向人间都是爱》（1989）

1958 年是中国福利会成立 20 周年，为表纪念，中国福利会需要创始人宋庆龄主席的近照。当时宋庆龄正居住在上海寓所，经过考虑后，她同意拍摄照片。但她希望由我国著名电影摄影师、上海电影制片厂的总摄影师黄绍芬为她拍摄。

1958 年黄绍芬正在上影厂拍摄新中国成立十周年献礼片《林则徐》，工作十分繁忙。在中国福利会与上影厂联系后，他欣然接受了这项特殊任务，并做了充分准备。他带着照相机、灯光，与一名助手来到宋庆龄的上海寓所。

拍摄完成后，宋庆龄主席非常满意。她选择其中最满意的一张放大，亲笔题上了自己的名字，将其赠送给黄绍芬，以表谢意。

同年，黄绍芬用拍摄《林则徐》的苏联彩色电影胶卷，又为宋庆龄主席在寓所客厅里拍摄了几张彩色生活照。

苏联彩色胶卷是需要使用特殊配方进行冲洗的电影胶卷，当时只能在上海电影技术厂完成冲洗，一段仅十几张的电影胶卷冲洗出来后，再要将其制作成为照片，不是一件容易的事。再加上黄绍芬马上又投入到紧张的《聂耳》拍摄工作中，冲洗宋庆龄的彩色照片成了一件没有完成的憾事……

上影厂的著名电影演员白杨，自从 1966 年息影后，20 余年一直没有机会重返银幕和影坛。出于对宋庆龄主席的尊敬，她渴望在有生之年能塑造宋庆龄的光辉形象。

经过长期筹备，条件终于成熟，白杨准备在 1988 年拍摄讲述宋庆龄故事的大型电视连续剧《洒向人间都是爱》。

那时白杨已年近七旬，要完成中年时期的宋庆龄形象的塑造，难度不小。这时她想到了擅长美化人物形象的老摄影师黄绍芬。那年黄绍芬虽已退休，离开了上影厂生产第一线，但也未安享清闲。他担任上海市摄影家协会主席，全身心地投入上海国际摄影展和各项社会摄影活动中。

接受了好友白杨的盛情邀请，黄绍芬担任了《洒向人间都是爱》电视剧的总摄影。他工作认真，一丝不苟，对演员的化妆和造型十分重视，特别是对如何缩小主演白杨与剧中宋庆龄的年龄差距，其形象能否符合要求做了充分的思考和准备。同时他想起了三十年前为宋庆龄拍的真实照片和彩色底片，立刻将从未扩印过的彩色底片拿出来扩印。此后，他常坐在书桌前，将白天拍摄的剧中宋庆龄的造型定妆照与 30 年前自己拍摄的真实照片进行对照和探索。

在确定了舒畅、明快的摄影基调后，他要求掌机的摄影师在拍摄每一个画面时，构图严谨质朴，用光简洁清晰、层次分明，这也是黄绍芬一贯追求的摄影艺术风格。

那年黄绍芬已是 77 岁高龄，他以饱满的工作热情参加摄制工作。在南京中山陵看外景时，他一口气跑上中山陵 398 级台阶。剧中还有一场在莫斯科的戏，当时改在冬天的哈尔滨拍摄，在零下二十几度的冰天雪地里，他仍然坚持工作。

这部表现宋庆龄伟大和慈祥形象的电视剧终于成功拍摄完毕。在半年的拍摄时间里，黄绍芬亲自拍下了 500 多张剧照，整理了三大本影集。

黄绍芬从影 70 年，拍摄了近百部电影。这部有关宋庆龄的电视剧是他一生中的最后一部影视作品。他怀着对宋庆龄敬仰的心情，在艺术上精益求精，为自己的艺术生涯画上了一个圆满的句号。

黄绍芬（左二）在《洒向人间都是爱》拍摄现场

《洒向人间都是爱》
摄制组的导演岑范（前
排左二）、主演白杨（前
排左三）、摄影黄绍芬（前
排左一）一起在显示器
前观看拍摄效果

《洒向人间都是爱》
拍摄现场。岑范（前排
左一）、白杨（前排左二），
黄绍芬（前排左三）

黄绍芬为《洒向人间
都是爱》剧组拍剧照

《洒向人间都是爱》剧照（组图，黄绍芬摄）

　　1988 年 7 月，《洒向人间都是爱》摄制组在上海孙中山故居花园合影，中排右六为黄绍芬

　　1988 年 11 月，黄绍芬与白杨（左）在去青岛的船上合影

　　1989 年初拍摄电视剧《洒向人间都是爱》时，黄绍芬与导演岑范（左）在哈尔滨合影

第二章

情系摄影

第一节　连任三届上海摄协主席

中国摄影家协会上海分会（先后更名为中国摄影学会上海分会、上海市摄影家协会）成立于1962年5月10日，是代表上海市内最高学术和权威的摄影艺术团体。1962年黄绍芬担任中国摄影学会上海分会首届主席，之后连任三届主席（1962年—1997年），为推动上海摄影事业的发展做出了贡献。摄影家协会经常举办摄影创作和学术交流活动，举办摄影展。八十年代初，在黄绍芬主席的领导下，摄影家协会开始恢复正常活动，邀请香港摄影家来上海进行交流，举办彩色摄影图片制作技术进修班。1980年2月的"中外电影剧照展"和1980年12月的"简庆福摄影作品展"是该协会较早举办的大型摄影展。

1980年2月14日，"中外电影剧照展"在上海展览中心开幕，黄绍芬（左一）陪同上海市委宣传部长陈沂（右二）一起观展。影展中的中国电影剧照始于20世纪30年代，由熟悉中国早期电影史的黄绍芬亲自精心挑选并参与制作

1980年12月，香港著名摄影家简庆福的摄影作品在上海展览中心展出，黄绍芬（前排左一）与简庆福（前排右一）陪同上海市委宣传部长陈沂（前排右二）一起观展

1983 年 2 月上海美术馆，黄绍芬在美国摄影大师安塞尔·亚当斯摄影展开幕式上致辞

1985 年 6 月 黄绍芬（左五）在香港参加香港摄影沙龙活动，与香港摄影家交流并策划举办"上海—香港摄影交流展"

1985 年 11 月 15 日 "上海—香港摄影交流展览"在上海开幕，中国摄影家协会主席石少华（二排左九）出席开幕式。黄绍芬（二排右二）、上海市委宣传部和上海市文联领导与香港摄影家合影留念

上海市摄影家协会新址位于华山路 351 弄 3 号，由香港摄影家简庆福先生捐赠。1985 年 11 月 15 日下午，在捐赠仪式后，在新址花园内，上海市委宣传部、上海市文联领导、上海市摄影家协会主席团成员与简庆福先生（前排左四）以及香港摄影家合影留念，前排：黄绍芬（右二）、杜宣（右三）、石少华（右五）、夏征农（右七）、陈沂（右八）

第二节　关爱基层，提携后辈

　　在黄绍芬任上海市摄影家协会主席期间，许多协会会员举办个人影展、出版个人摄影集时，都希望协会主席能给予题词。黄绍芬从不拒绝会员的要求，总是有求必应，甚至不惜辛苦，亲临现场表示关心。

1986年2月，黄绍芬参观上海市第三届少年儿童摄影展后，与小摄影记者亲切交谈

1986年2月，黄绍芬在青年宫参观上海市第三届少年儿童摄影展

1987年，黄绍芬在老摄影家朱天民摄影展开幕式上致辞

1987年，黄绍芬（前排左二）与中国摄影家协会原主席徐肖冰（前排左三）在金星电视机厂评审爱好者摄影作品

1988年7月8日，黄绍芬（左一）参观女摄影家丹嬢个人作品展

1989年5月28日，黄绍芬（左一）在上海市少年宫与青少年摄影爱好者亲切交谈

1989年7月，黄绍芬为永久自行车集团艺术展题字并出席开幕式

1989年10月7日，黄绍芬（左一）与老摄影家张宝安（左二）、顾云兴（右一）在丁香花园观摩舒宗侨（右二）个人作品展

20世纪90年代，黄绍芬代表上海市摄影家协会对奉贤区摄影协会成立表示祝贺

1991 年 12 月 2 日，黄绍芬参观上海教育学院 1990 届摄影技术专业毕业影展

1992 年夏，黄绍芬（前排右一）参加基层摄影作品评审

1994 年 1 月，黄绍芬（左）参加基层摄影活动

1993 年 3 月 8 日黄绍芬（右三）参观"妇女摄影展"

1993 年 9 月 20 日黄绍芬（二排左四）在上海美术馆参加"黑白上海人摄影联展"，与联展摄影师合影

在《上海市摄影家协会成立五十周年回忆文集》中，有上海著名体育摄影记者洪南丽的回忆文章和黄绍芬的题字。洪南丽写到："黄绍芬主席为我的摄影展题字，我很幸运。1991 年 3 月，在上海市摄影家协会和上海体育记者协会的支持下，我的体育摄影展览揭幕了，摄协黄绍芬主席还为我的摄影展题了字。一天下午，应日隆老师带我来到黄绍芬主席的家，请黄主席为我的个人摄影展题字。尽管以前也见过黄老多次，但是，进门之前我还是很紧张。是黄老仁慈和蔼的笑容，打消了我的顾虑。黄老不仅高兴地答应为我的个人摄影展题字，而且当即拿出笔和纸，题写了'美妙的瞬间　洪南丽体育摄影展览　黄绍芬'几个字。黄老还欣然应允出席影展的开幕式。"

黄绍芬为洪南丽体育摄影展览题字

1991 年黄绍芬题字

1994 年，黄绍芬为摄影艺术学校题字

对艺术家来说，他的作品能够
被人们所接受，则是最大的愿望。
　　　　　黄绍芬
为哈九成摄影画册题

黄绍芬为《哈九成摄影画册》题字

黄绍芬为"人像摄影
家朱光明作品展选"题字

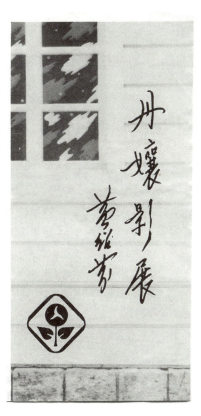

黄绍芬为"丹孃影展"题字

第三节　上海国际摄影艺术展览

　　1986 年 11 月 11 日经国务院批准，由上海市文学艺术界联合会、上海市摄影家协会发起并主办的"上海国际摄影艺术展览"在上海开幕。该影展是当时全国第一个由省市举办的国际性摄影艺术展览，多年来是中国评委阵容最强大、社会影响力最广、参赛作品水准最高的摄影赛事之一。1986 年到 1994 年，黄绍芬主席连续四届担任该影展的主任和评委。

　　1986 年 11 月 11 日，"上海第一届国际摄影艺术展览"在上海展览中心开幕，图中致辞者为黄绍芬

1986年11月11日，黄绍芬在上海第一届国际摄影艺术展览开幕式上致辞

1988年11月11日第二届国际摄影艺术展览，黄绍芬（左二）与国外摄影家一起观展

1990年11月11日，上海第三届国际摄影艺术展览，黄绍芬与《小主人报》的七岁记者翁奇羽（右）

1994年12月6日，上海第四届国际摄影艺术展览在上海美术馆开幕，黄绍芬致辞，出席开幕式的有世界著名摄影大师郎静山（右六），著名摄影家简庆福（右一）等

1994年上海第四届国际摄影艺术展览评委合影，左起张宝安、黄绍芬、陈复礼（香港）、简庆福（香港）、翁庭华（台湾）

第四节　对外交流，鼓励发展

随着改革开放和摄影事业的蓬勃发展，摄影领域的对外交往越来越频繁，黄绍芬经常接待外国摄影代表团，出席世界各国著名摄影家在上海举办的摄影展开幕式，广交外国摄影朋友。这成了他晚年生活的重要部分。

1985年9月，黄绍芬（中）接待意大利摄影代表团

1989年春，黄绍芬（左三）在上海市摄影家协会接待日本摄影家代表团

1993 年 12 月 8
日，黄绍芬在"新加
坡林光霖摄影作品
展"开幕式上致辞

1993 年 9 月 29
日，黄绍芬（中）
在上海市摄影家协
会接待日本摄影家
夏目修（右）

　　1994 年 9 月 10 日，黄绍芬（前排左一）在"镜采伶影"日本肖像摄影家高桥
亚弥子（后排左二穿黑衣女士）作品展开幕式上致辞

1994年12月6日，上海第四届摄影艺术展览开幕式后，黄绍芬与摄影大师郎静山（中），香港摄影家简庆福（左二），中国摄影家协会主席高帆（右二），中国文联副主席吕厚民（右一）一起交谈

1994年12月 黄绍芬与郎静山大师（左）欢聚

1994年12月，黄绍芬接待台湾著名摄影家郎静山大师（左）

郎静山大师赠送黄绍芬的百岁纪念金牌

第五节　机不离身，情系摄影

黄绍芬在 1995 年曾说："目前我仍担任着上海市摄影家协会主席，这一职务我已担任了三十多年，我手中的摄影机早已换成了照相机。摄影家协会主席的头衔可以卸下，但我手中的照相机是永远也不会放下的。"

1979 年，为参加中外电影剧照展，黄绍芬到《阿Q正传》剧组拍摄了一组剧照，在摄影棚里与演员严顺开（左）、李天济（右）欢言笑谈

20 世纪 80 年代中期的黄绍芬（组图）

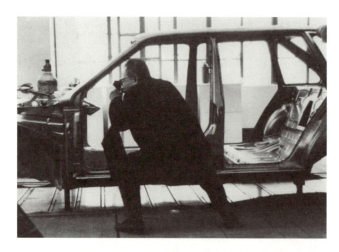

20世纪80年代末，
黄绍芬在摄影创作中

1986年初，黄绍芬
（左一）、黄宗炜（右一）
陪同中国摄影家协会二
位副主席吴印咸（右二）、
黄翔（左二），一起在
上海金山摄影创作

1986年，黄绍芬
（右）与香港摄影家简
庆福（中）一起在浙江
普陀山摄影

1987 年 10 月 19 日, 黄绍芬 (前排左八) 参加
1987 年旅游摄影赛, 赴浙江五泄创作留念

1991 年 7 月 1 日, 为庆祝中国共产党成立七十周年, 上海市摄影家协会举办《上
海一日》即时摄影大赛。7 月 1 日晨, 在上海展览中心举行开拍仪式。黄绍芬 (圆
圈标注人物) 作为本次活动的策划者和组织者, 虽已年过八旬, 也积极参与其中。
他也是这次参赛的近百名摄影师中最年长的一位

1991 年 7 月 1 日，黄绍芬（站立者）参加"上海一日"大型摄影活动，身穿主题活动 T 裇衫，在上海电影沙龙拍摄"演员的生活"主题照时，与王丹凤（左一）、秦怡（左二）、孙道临（右一）、张瑞芳（右二）交流拍摄要求（黄宗炜摄）

1991 年 10 月，黄绍芬在北京参加中国摄影家协会第五届理事会会议，左起高宝鑫、黄绍芬、陈淑芬、殷孟珍、许志刚

1994 年 4 月，武汉长江巴尔达照相器材制造有限公司总经理（右）赠送黄绍芬一台以其生辰年月为编号的相机，晚年黄绍芬常使用这台轻便的相机进行摄影创作（组图）

黄绍芬参加社会活动时，总是随身携带着这台小相机

1994 年 4 月，黄绍芬（右）参加南汇桃花节，拍摄桃花

1995 年，黄绍芬用小相机拍摄心中的美景

第六节 1981年出访法国

1981 年深秋，中国摄影家协会上海分会主席、上影厂总工程师黄绍芬应"法国摄影、电影国际沙龙"的邀请，同中国摄影家协会副主席、解放军画报社社长高帆访问了法国巴黎、里昂，参加由"法国摄影、电影国际沙龙"负责人卡斯曼先生举办的"中国摄影艺术展览"。他们受到了热

1981 年 11 月法国文化部长亨利（右）亲切接见黄绍芬（前排左）、高帆

情的欢迎和友好的接待。展览开幕前，主管文化艺术工作的部长亨利接见了黄绍芬、高帆，并合影留念。我国驻法大使姚广和文化参赞肖特也应邀出席开幕式。此次影展各国摄影家云集，盛况空前。我国摄影作品首次参与展出，各国摄影家进行了广泛的艺术交流，开阔了眼界，增进了友谊。

1981 年 11 月，法国巴黎首次举办中国摄影艺术展览，黄绍芬在展厅观摩

1981 年 11 月，法国摄影、电影沙龙负责人卡斯曼（右）向黄绍芬（左一）赠送礼品

1981 年，黄绍芬（左）在法国参观摄影器材

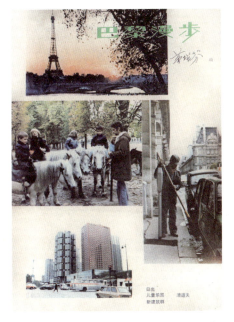

1982 年，摄影杂志《旅游天地》第 3 期刊登黄绍芬的旅法摄影作品

1982 年，《上影画报》第 3 期刊登黄绍芬的旅法摄影作品

第七节　1995年到访香港

　　1995年4月，以中共上海市委副书记陈至立为团长的上海市政府代表团出席香港举办的"上海风采——三年大变样"摄影图片展。黄绍芬作为代表团成员出席了开幕式，与香港市民一起观展并会见了香港著名摄影家。

1995年4月1日，黄绍芬随上海市政府代表团，出席香港"上海风采——三年大变样"摄影图片展开幕式

1995年4月1日，黄绍芬在香港湾仔中国文化展览馆与香港摄影家陈复礼（右一）、钱万里（右二）等一起观展并合影留念

第八节 1987年、1995年出访日本

1987 年是中日建交十五周年，中日双方青年进行交流创作，并分别在两国举办摄影展。1987 年 10 月，应日本写真协会、大阪市教育委员会的邀请，黄绍芬与上海市文联党组书记吴宗锡出访日本，受到热情接待。日本写真专门学校后来还向黄绍芬颁发感谢状。

1987 年 10 月，黄绍芬（右三）应日本写真协会、大阪市教育委员会邀请，参加日中友好青年写真展开幕式。黄绍芬和吴宗锡（左三）受到日方热情接待。

1987 年 10 月，黄绍芬（右）在大阪日中友好青年摄影展开幕式上致辞

1987 年 10 月，黄绍芬来到日本京都龟山公园向周恩来诗碑献花

1987 年 10 月，黄绍芬在日本

1995 年 4 月，85 岁高龄且身患绝症的黄绍芬，不顾年老体弱，以上海摄影家代表团团长的身份，赴日交流创作，完成了他一生中最后的出访之旅。

1995 年 4 月，黄绍芬（中）率上海摄影家代表团访问日本，与日本摄影家合影

在日本，黄绍芬与小鹿进行互动　　　1995 年 4 月黄绍芬出访日本，两国摄影家进行了广泛交流并互赠礼品

在日本访问时，黄绍芬全然不顾东京的雨天，沉浸在拍摄的愉悦之中

第九节　美好瞬间，随拍经典

　　摄影与其说是一种景观的再现，不如说是摄影者心境的显现。

　　黄绍芬在法国拍摄的《法国凡尔赛宫前的纪念塔》和在千岛湖拍摄的《波光帆影》两幅作品，反映出他深厚的艺术涵养和审美情趣。无论是天空的彩云和高光点的位置，还是湖面倒影基调的处理，都反映了他独具匠心的审美，纪念塔的剪影和风帆的倒影让人产生身临其境之感。

《法国凡尔赛宫前的纪念塔》，黄绍芬1981年摄于法国

《波光帆影》，黄绍芬1986年摄于千岛湖

　　黄绍芬作品《等待》摄于 1981 年。当时，应法国国际沙龙邀请，黄绍芬与中国摄影家协会副主席高帆参加法国国际摄影交流活动，期间拍摄了这张摄影作品。虽然没有用夸张的广角，但由于选位合理，将满地金黄落叶渲染到极致，尽现浓郁的秋色，更有电影"蒙太奇"般的透视感；一把空椅还使人联想到生活的美好和温馨。

　　黄绍芬作品《调皮的孩童》摄于 1981 年。影像功力深厚的黄绍芬在法国街头抓拍到了孩童神态生动的瞬间。

《调皮的孩童》，黄绍芬 1981 年摄于法国

《等待》，黄绍芬1981年摄于法国

《秋意》，黄绍芬 1981 年摄于法国

《新娘》。黄绍芬于1995年访日期间，在街上目睹一位日本新娘与西方新郎举行传统婚礼的过程，迅速抓拍到了这充满异国情调的一幕，由于采用慢速摄影，人物的脚略微模糊，体现出行走的动感

《公园门口》，黄绍芬1995年摄于日本。樱花盛开的日本，到了黄绍芬的镜头中，就像一部精彩的电影，画面中人物举止神态各不相同，有一种情节感

《惊奇》，黄绍芬1995年摄于日本。此照定格了人与群鹿相遇时的惊喜神情和别样风趣，具有人文意蕴

《日落千岛湖》，黄绍芬1990年摄于千岛湖

第三章

多彩人生

第一节 八十年代忆老友

20世纪80年代，黄绍芬怀着对旧日好友的缅怀之情，写了《回忆金焰》《怀念电影艺术家郑君里同志》《阮玲玉值得写、值得拍》等回忆文章，并发表在报刊上。黄宗霑先生，广东台山人，美国好莱坞著名华裔电影摄影师（一生拍摄了上百部电影，其中14部在美国获最佳摄影奖），在1929年黄绍芬拍摄《故都春梦》时就与他相识。黄宗霑先生在该影片制作期间，参观了影片制作。1982年，黄绍芬参观了黄宗霑生平创作图片展，还在《新民晚报》上发表了回忆文章。1985年黄绍芬为纪念好友聂耳逝世五十周年题词。

1982年6月23日，黄绍芬（前排中）、孙瑜（前排左）和上海电影局党委书记孟波（前排右），一起参观黄宗霑生平创作图片展

1982年6月23日，观展后合影，左起黄绍芬、孙瑜、钟望阳（上海音乐学院党委书记）、孟波（上海市电影局党委书记）、洪林（上海市电影局副局长）、宋定中（上海市电影局副局长）、丁正铎（上海市电影局副局长）、王世祯（上海影协秘书长）

黄绍芬在 1984 年 3 月《上影画报》发表回忆金焰的文章。图中右上角照片为 1931 年黄绍芬（前排左一）与金焰在《桃花泣血记》拍摄时的工作照，左下角照片为《母亲》中金焰的造型照，右下角照片为联华时期金焰（左）与聂耳（右）

1985 年，黄绍芬为纪念音乐家聂耳逝世五十周年题词

1989 年 7 月 28 日，悼念胡蝶图片展在上海市文联大厅举行，左起张瑞芳、王丹凤、黄绍芬

1989 年 7 月 28 日，黄绍芬（中）在悼念胡蝶活动上发言

第二节　与文艺界友人相聚

由于工作关系，加上多年的从影经历，黄绍芬与各界艺术家有着深厚的情谊。一些早年共事的友人从海外归来，他热情接待。每逢佳节，或是有会议、观展等活动，只要能与老友相会，大家便回忆以往，共叙家常，合影留念。

1980 年 5 月 9 日，黄绍芬在上海文联与李丽华重逢留影，此时距二人上次见面已过三十年。李丽华说："我离开祖国三十多年了，这次回来，就像回到了母亲的怀抱。今天又见到这么多的老朋友、老前辈，开心得不得了。"

1980 年在拍摄《白蛇传》时，上影厂接待来访的李丽华。参观拍摄现场后，李丽华与影坛老友们合影。前排：李炳淑（左二）、徐桑楚（左四）、李丽华（右三）、王丹凤（右一）；二排：黄绍芬（左二）、韩非（左三）、顾也鲁（右二）、黄晨（右一）；后排：刘琼（左一）、舒适（左二）、桑弧（左四）、程之（左五）、乔奇（右四）、傅超武（右二）、方小亚（右一）

黄绍芬与越剧界非常熟悉，曾拍摄过《越剧菁华》《梁山伯与祝英台》等越剧戏曲片。黄绍芬之子黄宗炜曾在1980年成功拍摄过著名越剧小生徐玉兰所演《西园记》的剧照，并发行出版。1982年夏，时年七十的著名越剧小生尹桂芳已半身瘫痪，为了抢救拍摄尹桂芳艺术形象资料，徐玉兰请黄宗炜为尹桂芳拍摄主要剧目造型照。黄绍芬知道后，带相机亲临现场给予摄影指导。尹桂芳由于右臂不能动，仅用左手表演，在场的越剧小生范瑞娟、徐玉兰也尽力帮助。拍摄完成后，越剧三大小生与黄绍芬合影留念。后来上海人民美术出版社将这次拍摄的照片制成年画出版。

1982年黄绍芬（前排左二）与越剧名伶合影。前排左起：黄绍芬与孙女，尹桂芳。后排：徐玉兰（左二）、范瑞娟（左三）（黄宗炜摄）

1982年夏，尹桂芳扮演的梁山伯造型照（黄绍芬摄）

1982年，第五届百花奖在西安举行颁奖活动期间，黄绍芬与演员龚雪（右）合影

1984年8月，黄绍芬与沈浮导演（左）在上海市第三次文代会休息室内合影

　　1984年上影厂建厂35周年，众人在浦江游轮上合影。左起刘琼、舒适、史蜀君、徐桑楚、吴绍伟、黄绍芬

　　1984年，上影厂成立35周年系列活动合影。左起王林谷、黄绍芬、何兆璋、齐闻韶、桑弧、谢晋

1985 年 6 月，在香港陈云裳寓所，黄绍芬与黎宣（左，黎民伟之女）看望四十年前的老友陈云裳（右）

1986 年 3 月，上海电影剧照展，左起黄绍芬、龚雪、韩尚义、徐桑楚、张瑞芳、秦怡

1986 年 11 月，黄绍芬与著名越剧演员、1953 年中国第一部彩色片《梁山伯与祝英台》扮演者袁雪芬（左）、范瑞娟（右）合影留念

1986 年 9 月 17 日，中秋节合影，左起黄绍芬、张瑞芳、顾兰君、叶露茜、乔奇

1987年，黄绍芬与程十发（中）、王丹凤（左）在"上海—台湾联合画展"的合影

1987年5月22日，在上海文艺会堂黄绍芬与老友、上海人艺院院长黄佐临（右）

1988年，黄绍芬与剧作家杜宣（右）叶露茜（中）夫妇在文艺界聚会中合影

1989年，白杨寓所，白杨（中）与中国两位德高望重的电影摄影师吴印咸（右）、黄绍芬

20世纪80年代末，黄绍芬与上海市文联党组书记陈清泉（右）、电影演员潘虹（中）

1991年，黄绍芬与上影厂厂长徐桑楚（右）参观南浦大桥落成时合影

1993年10月7日，在第一届上海国际电影节酒会上，左起桑弧、黄绍芬、白杨

第三节　从影六十年纪念活动

　　黄绍芬于 1925 年从影，经历了从默片到有声片、从黑白片到彩色片的发展过程。从 1925 年到 1985 年的六十年间，他以艰苦创业的精神，在电影艺术的土壤里辛苦耕耘，取得了显著的成绩。1985 年 12 月 14 日，上海市文学艺术界联合会、上海电影家协会、上海市摄影家协会举办了"祝贺黄绍芬从事摄影艺术事业六十年"纪念活动。

1985 年 12 月 14 日，祝贺黄绍芬从事摄影艺术事业六十年活动，在上海市文联大厅隆重举行。左起著名剧作家杜宣、上海市文联党组书记吴宗锡、黄绍芬、上海市摄影家协会副主席杜心、杨溥涛

1985 年 12 月 14 日，黄绍芬在庆祝"从影 60 年"活动时切蛋糕。后排左起杜宣、夏征农、张骏祥、徐桑楚

上海市文联主席夏征农（前排左）向黄绍芬赠送景泰蓝纪念花瓶

上海电影局局长张骏祥（右）向黄绍芬颁纪念杯

1985年12月14日，祝贺黄绍芬从影六十年活动，孙女（右）给爷爷黄绍芬献花

纪念活动后黄绍芬全家合影

1985年12月15日，庆祝活动结束后，黄绍芬在家中留影

第四节　积极参加社会活动

　　除去从事本职工作以外，黄绍芬还参加文教电影系统的外事活动和会议，为活跃摄影艺术培养新生力量，组织过多项交流和展览活动，并亲自给大家讲课。退休后，他发挥余热，到各地参观，接受电视台的采访，为后来人留下了从影数十年的宝贵经验。

　　1950 年，文华影片公司开展体育活动，成立了排球队，在拍片之余他们还经常与其他球队比赛。当时文华影片公司在上海是知名度较高的影片公司，然而排球队却是业余水平，比赛经常输球，队员们十分幽默地称自己的球队没有名气，故而称球队名为"末名"排球队。前排左起查瑞根、刘琼、黄绍芬，后排许琦（左一）、吴剑光（左二）

　　1951 年，文华篮球队与仁济医院比赛后合影。前排葛伟卿（左一）、马林发（右一）。后排许琦（左三）、徐进（左六）、崔超明（左七）、沈阳（左八）、黄绍芬（左九）、韩仲良（右二）

1957 年，上影厂接待亚洲电影代表团外宾，后排左起谢晋、黄绍芬、桑弧、杨师愈、陈西禾

慰问演出

1959 年是新中国成立十周年，当时上海人民美术出版社要出版大型画册《上海》，其中有一张电影演员在江南造船厂慰问演出的照片，是经黄绍芬策划安排，由人民美术出版社摄影师尹福康拍摄完成的。照片中有赵丹、郑君里、上官云珠，还有金焰、张瑞芳、王丹凤、冯笑等上影厂的著名电影人，他们在船台上为造船工人们演唱和朗诵。这张照片曾被国外媒体和画廊收藏。拍摄完成后，黄绍芬作为照片的策划人与电影演员以及江南造船厂的劳模合影留念，也算是这次活动的幕后花絮。

1958 年，上影厂演员与劳模合影。前排尹福康（左二）、郑君里（左三）、赵丹（左四）、金焰（左五）、冯笑（左六），后排黄绍芬（左一）、张瑞芳（左四）、王丹凤（左六）、上官云珠（左八），其他人为江南造船厂的劳模和领导

　　1960年6月，黄绍芬在北京人民大会堂参加全国文教系统群英大会，左起黄绍芬、童芷苓、赵丹、白杨

　　1962年，中国摄影学会上海分会成立，黄绍芬当选第一届主席。摄影学会组织交流活动，黄绍芬（左边主持位）谈摄影创作体会

1987年8月21日，黄绍芬（右一）、秦怡（左二）、乔榛（中）参观长白新村

1987年，上海市文联组织参观闵行玩具厂，前排黄绍芬（左一）、吴宗锡（左二）、白杨（左三）、著名越剧演员戚雅仙（左四）、著名越剧演员毕春芳（左五），后排杜宣（左三）、高式熊（右一）

1989年5月23日，纪念毛泽东《在延安文艺座谈会上的讲话》发表47周年，上海市文联组织参观浦东三林塘，黄绍芬（前排左一）、白杨（前排左二）等文艺工作者深入基层民众之中

1990年10月5日，中央新闻纪录电影制片厂摄影师徐明（左一）在黄绍芬家中采访、拍摄

1993年夏，德国电视一台在黄绍芬（右）家中拍摄

　　1994 年，广东电视台来黄绍芬（中）家采访

　　1995 年 9 月，上海电视台拍摄黄绍芬专题片《七彩人生》

　　1995 年，上海市领导与第三届上海文学艺术奖评审委员会合影。前排左起程十发、沈柔坚、徐中玉、杜宣、丁善德、陈至立、胡蓉蓉、蒋孔阳、黄绍芬，后排左起徐俊西、吴贻弓、罗洛、金炳华、桑桐、朱践耳、龚学平、陈伯海、孙颙

　　1995 年 10 月 28 日，黄绍芬在上海市第二届国际电影节升旗仪式上激动地说："世界电影 100 年了，中国电影 90 年了。今年我 85 岁，从事电影事业 70 年了！"

第五节　家庭生活留影

　　黄绍芬是一个非常热爱生活的人。从年轻的时候开始，他就喜欢新奇时髦的器物和技术，还喜欢参加各种运动，在穿着打扮上也是整整齐齐、一丝不苟。到了晚年，他依然如故，保持着整洁清爽的良好习惯。他还喜欢和家人们一起外出旅游，致力于把他一生的爱好与技艺传授给下一代乃至第三代。

1931 年，爱好摩托车的黄绍芬

1939 年，黄绍芬摄于丁香花园新华影业公司（组图）

1943 年，黄绍芬用自己的德国徕卡相机对镜自拍

20 世纪 50 年代初，黄绍芬从年轻开始一直爱好汽车

黄绍芬家对面的巨鹿路 675 号，是上海市文学艺术界联合会的所在地，黄绍芬经常在这里参加文联的活动，这也是他闲时带孙辈游玩的地方

这幢位于上海巨鹿路的楼房，建于 1924 年，曾用名"自明公寓"，新中国成立后更名为巨鹿路 516 弄 1 号、2 号。黄绍芬 1941 年至 1997 年去世，一直居住在 2 号三楼公寓内

2017 年 6 月黄绍芬旧居被上海静安区文化和旅游局定为"文物保护点"

1980 年，黄绍芬在家阅读《白蛇传》分镜头剧本

20世纪80年代中，黄绍芬热情为摄影家协会会员出画册、办个人影展题词

1985年圣诞节，黄绍芬（前排左）与孙辈在家中

1985年5月，黄绍芬与外孙女（中）在香港中环

1985年5月，黄绍芬去香港探亲，在女儿（右）家中

1986年2月，黄绍芬已退休，仍关心中国电影事业，不忘当年拍摄《林则徐》时受到周恩来总理的亲切接见，把与周总理的合影照片放在家中钢琴上

1986年，
黄绍芬在家中
与孙女（右）
一起探讨绘画

1986年3月，黄绍芬
在家中阅读电影杂志

1987年，黄绍芬与夫人戴倩云（右）在家中

1989年11月，黄绍芬（右二）与夫人（左二）赴香港探亲和两个女儿合影

1990年5月，黄绍芬（左四）八十大寿，全家佘山游合影

1990年5月，黄绍芬八十岁大寿，与子女们在一起，左起黄宗炜、黄绍芬、戴倩云、黄宗珉、黄宗樑

1991 年春节，黄绍芬（前排左二）全家合影

1995 年，黄绍芬在家中读报，关心摄影界动态

第四章

人端艺秀

作为我国著名的电影艺术家、摄影家，自投身于电影事业半个多世纪以来，黄绍芬参与拍摄了近百部影片，成绩斐然，获奖无数。1997年黄绍芬逝世后，全国各地开展了多场不同形式的纪念活动。

1998年1月21日，上海在福寿园建立纪念碑，并举办"黄绍芬从影七十年艺术生涯展"。

2008年10月9日，广东省中山市电视台拍摄的六集电影人电视系列片《中山影杰》启播。本片入选2008年度全国十大纪录片，其中包括黄绍芬专题片《影动》。

2010年6月26日，上海福寿园人文纪念博物馆开馆，黄绍芬生前用品——看片箱、看光镜、《聂耳：从剧本到影片》专著、《洒向人间都是爱》电视剧录像带等，被收藏和展出。

2010年10月22日，首届上海中外无声影片展首映式放映《桃花泣血记》（1931）。

2011年5月26日，上海举行黄绍芬百年诞辰纪念活动。

2011年7月8日，广东省中山市举行"百年风华——郑君里、黄绍芬诞辰100周年"纪念活动和图片展。

2011年9月，国家广播电影电视总局主办的刊物《当代电影》将黄绍芬作为封面人物，并发表北京电影学院倪震教授所写的文章《一代宗师黄绍芬》，以纪念黄绍芬诞辰100周年。

2013年6月16日，上海电影博物馆开馆，黄绍芬生前用品、伴随他一生的美国看光镜、《白蛇传》剧本和剧照，被收藏和展出。

2014年6月17日，第十七届上海国际电影节放映修复版的《恋爱与义务》（1931）。

2015年12月12日，上海经典影片展放映《假凤虚凰》（1947）、《艳阳天》（1948）。

2019年11月2日，"上海—香港光影双城电影回顾展"放映《天伦》（1935）、《貂蝉》（1938）。

第一节　"人端艺秀"纪念丰碑落成

黄绍芬于 1992 年获得中国电影摄影特别奖。奖杯由长方形的黑色基座和两张呈 C.S 造型的胶片组成，C.S 的含义是中国上海，奖杯、胶片以及其组成的字母图案恰如其分又高度凝练地概括了黄绍芬一生的艺术成就。

1998 年 1 月 21 日，黄绍芬逝世一周年之际，黄绍芬"人端艺秀"纪念碑在上海福寿园落成。纪念碑由雕塑家王明龙设计，用"70"字样的铜字支撑两段电影胶片，以纪念黄绍芬从事电影事业 70 年为中国电影事业所做的杰出贡献。

黄绍芬的纪念碑以获奖奖杯为主要造型，但几乎没有在奖杯原型上多做改动，只是对基座和胶片造型的比例作了调整。请苏州的雕塑家在基座上加上黄绍芬肖像的浮雕，黄绍芬的浮雕像温文尔雅，笑容和蔼可亲，尽显大师风范。同时在胶片造型底部加上"70"的字样，代表黄绍芬一生从影 70 载。纪念碑基座上由著名剧作家杜宣题写"人端艺秀"四个大字，是对黄绍芬一生的为人和成就的高度评价。黑色大理石墓座上，上海市文联原主席夏征农题写"黄绍芬同志不朽　影坛先驱"。纪念碑基座背面由杜宣撰文、著名书法家高式熊题写的墓志铭，是迄今为止整个福寿园内由著名书法家亲笔题写的最长的墓志铭。此后"入住此地"，成为黄绍芬"左邻右舍"的全是电影界的同道，如张骏祥、桑弧、刘琼、金焰，以及阮玲玉和上官云珠的衣冠冢……

黄绍芬一生不仅仅在电影摄影艺术上有所成就，他还培养了大量的弟子，可谓桃李遍天下。生前，黄绍芬歇尽全力培养后辈，诲人不倦。选景是摄影师的基本功，黄绍芬经常带着弟子们一起外出选景，培养他们扎实的基本功，一些弟子经常在拿捏不准的时候请恩师出手帮助选景。获悉恩师安息福寿园，弟子们诸如著名摄影家马林发、张元民、朱永德等纷纷到场，说以前总是请老师为他们选景，如今让他们也好好替老师选一选景。经过仔细研究，黄绍芬的墓址选在福寿园内一座美丽的亭台前，与一座有江南特色的古朴小石桥遥相对望。弟子们之所以做出这样的选择，是因为亭台寓意黄绍芬拍摄的新中国第一部彩色电影《梁山伯与祝英台》，而不远处的石桥则寓意黄绍芬拍摄的电影《白蛇传》，这两部电影都拍得非常美，是黄绍芬的代表作。弟子们高超的眼光和深刻的理解是对恩师最大的慰藉。丰碑落成的同时，现场还举办了黄绍芬从影七十年图片展。

1992 年，黄绍芬获得中国电影摄影特别奖。以这座奖杯为原型，黄绍芬墓地丰碑于 1998 年 1 月 21 日落成

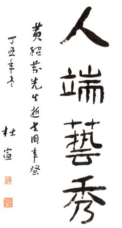

杜宣为黄绍芬纪念丰碑写的题词

黄绍芬墓座上，夏征农题词"黄绍芬同志不朽　影坛先驱"

黄绍芬墓志铭，杜宣文、
高式熊书（组图）

黄绍芬又名黄克廣東中山縣人我國著名攝影藝術家中國無

聲電影和彩色電影的先驅

從一九三〇年轟動影壇的故都春夢起拍攝了野草閒花戀愛與義

務三個摩登女性梁山伯與祝英台女籃五號聶耳林則徐枯木逢春霓虹

燈下的哨兵白蛇傳等近百部影片為中國電影史寫下了輝煌的一頁其技

藝之精造詣之深有口皆碑

紹芬先生一九六二年起任上海市攝影家協會主席上海市文學藝術界聯

合會副主席和中國電影攝影師學會名譽會長其為人謙虛持重不爭名

利不計個人得失潛心于攝影藝術創作和培養新人為我國攝影和電影

事業的發展貢獻畢生心力

斯人雖去其業績將永遠光耀人間

一九九八年一月　杜宣文　高式熊書

1998年1月21日上海福寿园内，秦怡（前排左二）、张瑞芳（前排左三）、桑弧（前排左四）、朱永德（前排左八）、舒适、马林发以及张元民等近百位黄绍芬在电影界、摄影界的生前好友参加黄绍芬丰碑落成仪式

1998年1月21日，黄绍芬从影七十年艺术生涯展，上海电影家协会主席张瑞芳（右二），上海市摄影家协会主席张元民（左二）剪彩

1998年1月21日黄绍芬从影七十艺术生涯展，左起黄宗炜、秦怡、黄绍芬夫人戴倩云、张瑞芳

藝術大師黃紹芬致力攝影七十春

巨著名作不勝數碩果累積中外聞

一九九七年　高式熊書

1997年，高式熊为黄绍芬题词

第二节 《中山影杰》电视专题片播出

2008 年 10 月 9 日，由广东省中山市电视台摄制的六集中山籍电影人电视系列片《中山影杰》启播，其中的黄绍芬专题片《影动》播出。另外五位中山影杰有阮玲玉、郑君里、特伟、卢根、吴思运。《中山影杰》入选 2008 年度全国十大纪录片。

2008 年 10 月 9 日，中山电视台拍摄的《中山影杰》启播。四位影杰后人郑大里（右二）、黄宗炜（左二）、盛大龙（左一）、卢志强（右一）出席启播仪式

中山市电视台演播室启播现场的宣传海报

建于 2005 年 11 月的中山市文化艺术中心，其大理石墙面上刻有黄绍芬艺术成就

中山市文化艺术中心原电影城有三个以中山影人名字命名的电影厅，分别是"玲玉厅""君里厅""绍芬厅"

"绍芬厅"内景　　　　"绍芬厅"门牌，门牌上贴有黄绍芬工作照

第三节　生前用品入藏福寿园博物馆

2010 年 6 月 26 日，上海福寿园人文纪念博物馆开馆，这是中国殡葬领域首家以人物纪念为展陈内容的文博场馆。纪念馆以"入住"福寿园的上海近现代历史中的先驱先烈、名家贤达为展陈对象，以其生前遗物、老照片、人物史料等为馆藏特色。黄绍芬的看片箱等生前用品入藏该博物馆。

2010 年 6 月 26 日，福寿园人文纪念博物馆开馆

2010 年 6 月 26 日，黄绍芬纪念碑及周边繁茂的树木（组图）

2010 年 6 月 26 日，人文纪念博物馆内珍藏着黄绍芬生前物品，包括看片箱、看光镜、奖牌，以及《聂耳：从剧本到影片》专著、《洒向人间都是爱》录像带

2010 年 6 月 26 日，秦怡在黄绍芬藏品前接受媒体采访

第四节　上海中山举办百年诞辰纪念活动

福寿园毓秀园中，黄绍芬儿子黄宗炜打开一个花篮，花篮里的蝴蝶纷纷飞出，在空中翩翩起舞……这幕场景与黄绍芬曾拍摄的影片《梁山伯与祝英台》相呼应，又似乎象征着黄绍芬为中国电影由黑白向彩色的发展所做出的重要贡献。

2011 年 5 月 26 日，黄绍芬诞辰 100 周年纪念仪式在福寿园人文纪念公园隆重举行。亲朋好友以及来自上海市文学艺术界联合会、上海电影（集团）有限公司、上海电影家协会、上海市摄影家协会、上海文化发展基金会共150 余人参加了纪念仪式，并向黄绍芬纪念碑献花拜祭。

除了上午的纪念仪式外，当天下午还在上海影城举办黄绍芬诞辰 100 周年纪念大会及座谈会，并放映 1953 年摄制的影片《梁山伯与祝英台》，以此表达社会各界人士对黄绍芬的敬仰和缅怀之情。

2011 年 5 月 26 日上午，众人来到福寿园缅怀黄绍芬

纪念黄绍芬诞辰 100 周年图片展，在福寿园内展出

黄宗炜打开花篮，一只只蝴蝶纷纷飞出，翩翩起舞

众人向黄绍芬纪念碑献花

黄宗炜献花

黄宗炜向参加本次纪念活动的来宾致谢

参加纪念活动的领导与黄宗炜来到人文纪念博物馆黄绍芬藏品前献上花圈。左起丁大波（上海影协秘书长）、汪天云（上影集团副总裁）、许朋乐（上海影协副主席）、黄宗炜、马林发（上海市电影局原党委书记）、伊华（福寿园副总经理）、张元民（上海市摄协主席）、曹建国（上海市摄协秘书长）

纪念活动当天下午，上海影城举行纪念大会，电影界、摄影界的黄绍芬学生在主席台上合影

纪念活动当天下午，在上海影城举行纪念座谈会

原《上影画报》主编夏瑜（笔名老老夏）在 2011 年 5 月 25 日版上海《文汇报》刊登的文章《摄影大师"黄总"——纪念电影摄影师黄绍芬先生百岁诞辰》

在黄绍芬故乡广东省中山市，也举行了黄绍芬诞辰 100 周年纪念活动。

2011 年 7 月 9 日，《中山日报》报道了 2011 年"郑君里、黄绍芬诞辰 100 周年纪念活动"，文章题为《百年风华　光影流动》。

"郑君里、黄绍芬诞辰 100 周年纪念活动"于昨日举行，两位电影大师后人向我市捐赠大量珍贵遗物。

百部名片的长度，足以绕地球数圈；百部名片的亮度，足以为世界电影投射耀眼的光环。昨天上午，中国电影艺术大师，中山籍著名电影人郑君里、黄绍芬诞辰 100 周年纪念活动在中山市群艺馆举行。两位艺术家的后人回到家乡，向市博物馆捐赠两位艺术家的遗物，和中山的父老乡亲一起欣赏反映他们光影岁月的图片展，观看他们合作的电影，缅怀艺术家的魅力。市委常委、宣传部长丘树宏参加了活动开幕式。

在活动现场，郑君里的儿子郑大晨和郑大里把郑君里生前使用过的书桌和书柜捐赠给市博物馆："父亲是个不善交际的人，他一心扑在事业上，经常趴在这张书桌前写东西挑灯夜战，累了就在旁边的沙发上睡一会儿，灵感来了，就又爬起来继续写，所以他才会有那么多的电影诞生。"回忆起父亲的往事，郑大里停顿片刻，感伤哽咽在喉咙里。"今天我捐赠出书架，但这绝对不会是一个空的书架，这些年我一直在整理父亲的各种文史资料和影像资料，以后我会都把它们捐赠给博物馆收藏，展示给家乡人民。"

提起父亲，黄绍芬的儿子黄宗炜也同样凝噎："父亲1911年5月出生在西区长洲，1925年从香山师范学校毕业后到上海，从事电影工作，拍摄了近百部电影。遗憾的是直到去世，70多年来父亲再没有回过故乡。但是家乡中山并没有忘记黄绍芬。2008年，中山电视台编导出现在我面前要拍黄绍芬的专题片，这时父亲一直跟我说的家乡中山才在我心中升起。"自此以后，黄宗炜就开始了寻根之旅。"我回长洲，看到修缮一新的黄氏大宗祠，看到了黄氏四代子弟学习的烟州书院，拍摄了上千张照片，以此告慰父亲，弥补缺憾。"黄宗炜把黄绍芬曾经获得的奖杯和使用的摄像器材以及摄影作品全都捐赠给家乡，"让他的精神和事业在家乡展示，以圆父亲的故乡之梦，也是对故乡的一点心意"。据了解，此次"百年风华——郑君里、黄绍芬诞辰100周年图片展"展示的百余张图片大多数都是黄宗炜所捐赠。

活动现场，来自澳门、香港的郑氏、黄氏乡亲也都赶来参加纪念活动，他们与郑大里、黄宗炜热情地攀谈着，现场出现了感人的认亲画面。连著名的电影演员、导演陶白丽也被感动，她说中山对文脉的传承和保护令人推崇，难怪这里人才辈出。

据了解，今年是郑君里、黄绍芬两位先生诞辰100周年，又逢辛亥革命百年纪念，为缅怀两位电影艺术大师，市文广新局特别策划了"百年风华——郑君里、黄绍芬诞辰100周年纪念活动"，内容包括了"百年风华——郑君里、黄绍芬诞辰100周年图片展"和"百年风华——郑君里、黄绍芬诞辰100周年电影周"，电影周期间将在市文华电影城播出郑君里、黄绍芬两人合作的《林则徐》《聂耳》《枯木逢春》等经典名片。

（《中山日报》记者冷启迪、摄影缪晓剑）

"百年风华——郑君里、黄绍芬诞辰100周年纪念活动"开幕式上，郑君里之子郑大晟、黄绍芬之子黄宗炜、中山市有关领导为展览剪彩

黄宗炜在"百年风华——郑君里、黄绍芬诞辰100周年纪念活动"开幕式上发言

黄宗炜（中）向中山博物馆捐赠黄绍芬获奖奖杯

黄宗炜（右二）陪同中山市委宣传部长丘树宏（右一）观展

黄宗炜与郑君里儿子郑大里（左）在他们父亲工作合照前合影

郑君里儿子郑大里先生在"郑君里、黄绍芬诞辰100周年纪念活动"期间，看到黄绍芬纪念图片时，有感而发，写成两首诗。

银幕经典
——从影七十载
◎郑大里

影片的尺度，丈量亿万国魂意蕴悠远的深长
银幕的亮度，点燃每寸国土况味恒久的光彩
看光镜 取景器 摄影机
打上了齿孔的胶片
也打上了人的印记
透过凹透镜和凸透镜的
组成
解构了人的悲欢离合

事故和故事

被一双慧眼诠释

千百家庭 千万观众

亿万双眼睛

透过的画幅成就了

偌大世界

可歌可泣的史诗

岁月有情
——沧桑挚友
◎郑大里

眼神紧盯取景框时，人与人依然对视着

手紧握摄影机把杆时，掌心对掌心依然拍合着

任凭片场的激情澎湃

心却沉静得波澜不惊

艺术

在激情和冷静之间

在理性和情感之间

执着地寻寻觅觅

人生

在恬淡和热情之间

在徐缓和激越之间

步履得洒洒脱脱

走过生活 走过人情

温润的目光望着对方

更望着远方

黄绍芬祖上的黄氏大宗祠，位于中山市西区长洲村。黄氏大宗祠始建于明代中期，占地面积约 1600 平方米，现为广东省文物保护单位。黄绍芬祖父黄世忠为清同治十二年武举，父亲黄文荣为民国时中山县一区区长。

黄绍芬祖上的黄氏大宗祠，现为广东省文物保护单位

黄宗炜（左三）与郑君里之子郑大里（左二）、陶金女儿陶白莉（右二）、郑大里女儿（右一）等友人，在黄氏大宗祠前合影留念

由上海市文学艺术界联合会、上海电影（集团）有限公司、上海电影家协会、上海市摄影家协会联合策划编印的《人端艺秀——著名摄影艺术家黄绍芬诞辰百年》画册封面

由中山市文化广电新闻出版局编印的《百年风华——郑君里、黄绍芬诞辰 100 周年纪念画册》封面

第五节　经典影片在多个影展上映

2010 年 10 月 22 日，首届上海中外无声影片展在上海影城开幕。影展的倡导人秦怡为了纪念金焰诞辰 100 周年，不惜用自己的积蓄，把旧金山无声电影节移植到上海。影展一共放映六部无声电影，中、美各三部，电影放映时由音乐家配乐。开幕式上放映 1931 年由金焰、阮玲玉主演的《桃花泣血记》，该片摄影黄绍芬，黄绍芬之子黄宗炜被邀请参加开幕式。那天黄宗炜带了一张 1931 年拍摄《桃花泣血记》主创人员的合影照，赠送给秦怡。照片上有金焰、阮玲玉、黄绍芬。

开幕式上，金焰的外孙女朴圭媛特地从韩国赶来上海观展。为了表达对金焰的爱，整整十余年，朴圭媛沿着金焰走过的路一路追寻，创作了《寻找我的外公——中国电影皇帝金焰》一书，该书获得了韩国民音社 2003 年"传记文学奖"。当她看到这张拍摄于 1931 年的电影工作照时，十分珍惜和遗憾，对黄宗炜说："之前我从未见过这张外公的照片，可惜不能将这张照片放进书里了。"她回到韩国后，特地寄了一本由她签名题字的《寻找我的外公——中国电影皇帝金焰》赠送给黄宗炜。

首届上海中外无声影片展（2010年）

影展海报　　外国音乐家为影片现场伴奏（黄宗炜摄）

倡导此次活动的电影表演艺术家秦怡（左），金焰的外孙女、来自韩国的朴圭媛（右）与黄宗炜（中）合影

第十七届上海国际电影节影展（2014年）

《恋爱与义务》海报

2014年6月19日，上海电影博物馆放映《恋爱与义务》影片后开展影迷见面会。见面会由上海电影家协会副主席石川（右一）主持，三位嘉宾香港艺人冯宝宝（左一）、钢琴演奏家陈洁（左二）、辩士马国光（左三）一起与观众面对面交流

2014年6月17日，黄宗炜在大光明电影院海报前与台湾电影博物馆馆长林文淇（左一）、钢琴演奏家陈洁（左二）、辩士马国光（左三）合影留念

纪念中国电影诞生110周年经典影片展（2015年）

　　2015 年，正值中国电影诞生 110 周年之际，上海电影博物馆举办了"世相·离岸·重逢——经典影片展"。这次影展放映了拍摄于 20 世纪 40 年代至 50 年代初的八部国产老电影，让今天的电影观众有机会观赏一些有代表性的经典老影片，在领略中国现代电影创作艺术风貌的同时，也进一步了解前辈电影艺术家为中国电影发展所做的突出贡献。这次展映的影片，既有著名导演艺术家黄佐临和桑弧携手为文华影片公司合作编导的影片《假凤虚凰》，也有著名剧作家曹禺首次担任电影导演执导的影片《艳阳天》，还有著名导演艺术家张石川、朱石麟、岳枫、李萍倩执导的几部题材、类型、样式和风格各具特点的影片。其中多部现实题材的影片注重从不同角度、不同侧面对现实生活进行艺术概括，反映了那个时代的社会生活，生动地描绘了都市众生相，真切地表达了创作者对生活的认识。有些影片还凸显了抗日的主题，体现了创作者强烈的社会责任感和艺术良知。在当时严酷的时代环境里，这是一种难能可贵的艺术追求。以前老电影的拷贝失散较多，这些影片的拷贝来之不易，如由巴黎中国电影资料中心保存的《假凤虚凰》的原版拷贝是仅存于世的"孤本"，这次放映乃是该片自 1947 年公映以后首次归国展映，实属不易。一部中国电影艺术史是由各个历史阶段的经典影片构成的，只有观赏大量的经典影片，才能真正了解中国电影的发展历程及各个历史阶段的创作状况和艺术水平。黄绍芬拍摄的《假凤虚凰》和《艳阳天》也在影展上展映。

上海电影博物馆举办"世相·离岸·重逢——经典影片展"

经典影片展上的《假凤虚凰》海报　　　　经典影片展上的《艳阳天》海报

首届"光影双城"影展（2019年）

2019 年 11 月 2 日，"光影双城"系列活动在上海电影博物馆开幕。上海电影和香港电影历来有着紧密的关系，此次为展现上海和香港深厚的电影历史渊源，上海电影博物馆、香港电影资料馆和上海电影资料馆三大专业电影机构精心挑选了中国电影史上八部极具学术价值的经典作品进行展映，其中包括 20 世纪三四十年代上海、香港的电影公司制作的《挣扎》《花外流莺》，黄绍芬拍摄的《天伦》和《貂蝉》也位列其中。

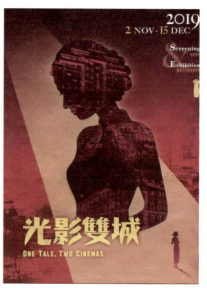

"光影双城"影展海报

上海电影博物馆设计制作的"光影双城"影展《挣扎》宣传资料。该片 1933 年由上海天一影片公司出品。本片是天一公司目前仅存于世的作品，也是中国最早的片上有声电影之一。香港电影资料馆 2012 年自美国旧金山华宫戏院搜集得到这部珍贵电影

上海电影博物馆设计制作的"光影双城"影展《天伦》宣传资料。该片 1935 年由上海联华影业公司出品。罗明佑在 1930 年成立联华，同年 10 月在香港成立总管理处，翌年总部由香港迁往上海，在上海广揽编导人才，包括生于上海的费穆。《天伦》是二人合导的作品，也是首部全以民乐配乐的中国电影

观赏电影后，黄宗炜（右四）与上海电影博物馆和香港电影资料馆的负责人、费穆之子费明熙（右五）以及韩非之子韩伟（左二）合影

附 录

附录一：生平年表

1911 年 5 月，在广东香山县（今中山市）出生。

1925 年，在上海民新影片公司学习摄影洗印、照明等技术，并作为童星出演影片。

1930 年，任上海联华影业公司摄影师兼摄影组长。

1937 年，任上海华安影片公司摄影师兼技术主任。

1938 年，任上海新华影片公司摄影师。

1939 年，任上海中华影片公司摄影师兼摄影组长。

1943 年，完成拍摄《草木皆兵》之后，因拒绝与日本摄影师合拍《春江遗恨》而辞职。

1943 年，任上海正乙化工厂职员。

1946 年，任上海文华影片公司摄影指导兼技术主任。

1952 年，任上海联合电影制片厂摄影师兼摄影科长。

1953 年，任上海电影制片厂摄影总技师、上海电影局摄影总技师。

1961 年，任上海天马电影制片厂总工程师兼技术办公室主任 。

1962 年，任中国摄影学会上海分会（现上海市摄影家协会的前身）首届主席，连任三届（1962—1997 年）。

1978 年，任上海电影制片厂总工程师兼技术办公室主任。

1981 年 1 月，任文化部电影局技术委员会委员、上海电影局技术委员会副主任。

1981 年 10 月，应法国摄影、电影国际沙龙邀请访问法国，受到法国文化部长亨利接见。

1983 年，加入成立于 1916 年的美国电影电视工程师协会。

1983 年 11 月，出访美国，考察电影生产和摄影器材。

1985 年 12 月，"从影六十年"庆祝活动在上海举行。

1986 年 11 月，举办上海第一届国际摄影艺术展，担任影展主任、评委。

1987 年 10 月，应日本写真协会、大阪市教育委员会邀请，参加中日友好青年写真展。

1988 年 3 月，任上海文化发展基金会理事。

1988 年 11 月，举办上海第二届国际摄影艺术展，担任影展主任、评委。

1990 年 3 月，被聘为中国电影摄影师学会第一届名誉会长。

1990 年 11 月，举办上海第三届国际摄影艺术展，担任影展主任、评委。

1991 年 6 月，任上海首届文学艺术奖评审委员会委员。

1992 年 10 月，任第一届中国电影优秀摄影奖评委。

1993 年 6 月，任上海第二届文学艺术奖评审委员会委员。

1994 年 12 月，举办上海第四届国际摄影艺术展，担任影展主任、评委。

1995 年 4 月，随上海市人民政府代表团赴香港参加"上海风采——三年大变样"摄影图片展。

1995 年 4 月，作为团长率上海摄影代表团赴日本访问交流。

1995 年 6 月，任上海第三届文学艺术奖评审委员会委员。

1997 年 1 月 21 日，于上海逝世。

附录二：参与的80部电影作品

出品时间	片名/影片类型	导演	制片厂	主演	担任工作
1927年	《西厢记》/电影	侯　曜	民新	李旦旦　林楚楚	饰书童
1928年	《五女复仇》/电影	高西屏	民新	林楚楚　李旦旦 严珊珊　黄绍芬	饰范玉书
	《木兰从军》/电影	侯　曜	民新	李旦旦　林楚楚	饰花蛟
1930年	《故都春梦》/电影	孙　瑜	联华	王瑞麟　林楚楚 阮玲玉　刘继群	摄影
	《自杀合同》/电影	朱石麟	联华	阮玲玉　刘继群	摄影
	《野草闲花》/电影	孙　瑜	联华	金　焰　阮玲玉 刘继群	摄影
1931年	《恋爱与义务》/电影	卜万苍	联华	阮玲玉　金　焰 陈燕燕　刘继群	摄影兼饰黄冠雄
	《一剪梅》/电影	卜万苍	联华	阮玲玉　金　焰 林楚楚　高占非 林楚楚　陈燕燕	摄影
	《桃花泣血记》/电影	卜万苍	联华	阮玲玉　金　焰	摄影
1932年	《人道》/电影	卜万苍	联华	金　焰　林楚楚 黎灼灼　蒋君超 王桂林　黎铿	摄影
	《续故都春梦》/电影	卜万苍	联华	阮玲玉　陈燕燕 金　焰　林楚楚	摄影
	《十九路军抗日战史》/新闻片	/	联华	/	与黎英、赵扶理等联合摄影
1933年	《三个摩登女性》/电影	卜万苍	联华	阮玲玉　黎灼灼 陈燕燕　金　焰	摄影

（续上表）

出品时间	片名/影片类型	导演	制片厂	主演	担任工作
1933年	《除夕》/电影	姜起凤	联华	陈燕燕　蒋君超　刘继群　韩兰根	摄影
	《母性之光》/电影	卜万苍	联华	金　焰　陈燕燕　黎灼灼　谈　瑛	摄影
1934年	《暴雨梨花》/电影	马徐维邦	联华	高占非　陈燕燕　谈　瑛	摄影
	《铁鸟》/电影	袁丛美（编导）	联华	高占非　陈燕燕　蒋君超	与罗及之联合摄影
	《骨肉之恩》/电影	姜起凤	联华	马徐维邦　郑君里　陈燕燕	摄影
	《香雪海》/电影	费　穆	联华	阮玲玉　高占非　黎　铿　刘继群	摄影
1935年	《天伦》/电影	费　穆　罗明佑	联华	尚冠武　时觉非　林楚楚　陈燕燕　黎灼灼　张　翼　郑君里　黎　铿	摄影
	《寒江落雁》/电影	马徐维邦	联华	陈燕燕　貂斑华	摄影
1936年	《母爱》/电影	金擎宇	民新	林楚楚　黎　铿	与罗敬浩联合摄影
	《到自然去》/电影	孙　瑜	联华	金　焰　黎莉莉　白　璐	摄影
1937年	《春到人间》/电影	孙　瑜	联华	陈燕燕　梅　熹　尚冠武　刘继群　韩兰根	摄影
	《天作之合》/电影	沈　浮	联华	韩兰根　刘继群　白　璐　殷秀岑	摄影
	《慈母曲》/电影	朱石麟　罗明佑	联华	林楚楚　陈娟娟　黎灼灼　陈燕燕　郑君里　黎　铿	与张克澜、石世磐联合摄影

（续上表）

出品时间	片名/影片类型	导演	制片厂	主演	担任工作
1937年	《斩经堂》/戏曲片	周翼华	联华	周信芳　汤桂芳　袁美云	摄影
	《前台与后台》/电影	周翼华	联华	刘　琼　裴　冲	摄影
	《联华交响曲》之《春闺梦断》	费　穆	联华	陈燕燕　黎灼灼	摄影
	《联华交响曲》之《三人行》	沈　浮	联华	韩兰根　刘继群　殷秀岑	摄影
	《联华交响曲》之《疯人狂想曲》	孙　瑜	联华	王次龙　尚冠武　梅　琳	摄影
	《如此繁华》/电影	欧阳予倩	联华	黎莉莉　尚冠武　梅　熹	摄影
	《艺海风光》之《歌舞班》/电影	司徒慧敏	联华	黎莉莉　梅　熹　张　翼	摄影
	《飞来福》/电影	杨小仲	新华	章志直　刘继群　韩兰根　殷秀岑	摄影
1938年	《乞丐千金》/电影	卜万苍	新华	陈燕燕　梅　熹　韩兰根　刘继群	摄影
	《貂蝉》/电影	卜万苍	新华	顾兰君　金　山　顾而已　貂斑华　魏鹤龄	与洪伟烈联合摄影
	《胭脂泪》/电影	吴永刚	新华	胡　蝶　谈　瑛　梅　熹　王次龙	摄影
	《武松与潘金莲》/电影	吴　村	新华	金　焰　刘　琼　顾兰君	摄影
	《四潘金莲》/电影	吴永刚	新华	袁美云　顾兰君　陈燕燕　童月娟	摄影
1939年	《生死恨》/电影	李萍倩	新华	陈燕燕　王　引	摄影
	《白蛇传》/电影	杨小仲	华新	陈燕燕　童月娟	摄影
	《云裳仙子》/电影	岳　枫	华成	陈云裳　王　引	摄影

（续上表）

出品时间	片名/影片类型	导演	制片厂	主演	担任工作
1939年	《葛嫩娘》/电影	陈翼青	华成	顾兰君　梅　熹	摄影
1940年	《秦良玉》/电影	卜万苍	华成	陈云裳　梅　熹 韩兰根	与薛伯青联合摄影
1941年	《女盗白兰花》/电影	方沛霖	华新	顾兰君　王竹友	摄影
	《新姊妹花》/电影	杨小仲	国联	陈云裳　梅　熹	摄影
	《家》（上、下两部）/电影	卜万苍 徐欣夫 杨小仲 李萍倩 方沛霖 岳　枫 吴永刚 王次龙	国联	陈云裳　袁美云 梅　熹　刘　琼 胡　蝶　顾兰君 陈燕燕　王　引	与周达明、余省三、薛伯青联合摄影
1942年	《春》/电影	杨小仲	中联	周曼华　王丹凤 徐　立　严　俊	摄影
	《秋》/电影	杨小仲	中联	李丽华　严　化 王丹凤　徐　立	摄影
	《博爱》之《天伦之爱》/电影	卜万苍	中联	袁美云　徐　立	摄影
1943年	《良宵花弄月》/电影	朱石麟	中联	陈云裳　刘　琼	摄影
	《不求人》/电影	朱石麟	华影	周曼华　屠光启 关宏达	摄影
	《草木皆兵》/电影	朱石麟	华影	严　俊　陈　琦	摄影
1947年	《不了解》/电影	桑　弧	文华	陈燕燕　刘　琼 林　榛　路　珊	摄影指导
	《假凤虚凰》/电影	黄佐临	文华	李丽华　石　挥	摄影指导
	《母与子》/电影	李萍倩 （编导）	文华	卢碧云　张　伐 严　俊　蒋天流	摄影指导

（续上表）

出品时间	片名/影片类型	导演	制片厂	主演	担任工作
1947年	《太太万岁》/电影	桑 弧	文华	蒋天流　上官云珠 张　伐　韩　非 汪　漪　石　挥	摄影指导
	《夜店》/电影	黄佐临	文华	张　伐　童芷苓 周　璇　石　挥 石　羽	摄影指导
1948年	《艳阳天》/电影	曹 禺	文华	李丽华　石　挥 韩　非	摄影指导
	《生死恨》/彩色戏曲片	费 穆	华艺	梅兰芳　姜妙香	摄影指导
1949年	《哀乐中年》/电影	桑 弧	文华	石　挥　朱嘉琛 韩　非　李浣青	摄影
1950年	《越剧菁华》/彩色戏曲片	桑 弧 （总导演）	文华	袁雪芬　傅全香 戚雅仙　竺水招 徐玉兰　王文娟	总摄影
	《相思树》/彩色戏曲片	韩 义 黄绍芬	文华	袁雪芬　魏凤娟 陈金莲	与韩义联合导演
	《太平春》/电影	桑 弧 （编导）	文华	石　挥　上官云珠	摄影
1954年	《梁山伯与祝英台》/彩色戏曲片	桑 弧 黄 沙	上影	袁雪芬　范瑞娟	摄影
	《伟大的起点》/电影	张 客	上影	张　伐　汤化达 陈天国　金　焰	摄影
1955年	《天罗地网》/电影	顾而已	上影	陈天国　中叔皇 黄宛苏	摄影
	《广场杂技表演》/彩色舞台艺术片	王林谷	上影	上海市人民杂技团	摄影
1956年	《十五贯》/彩色戏曲片	陶 金	上影	王传淞　周传瑛	与陈震祥联合摄影

（续上表）

出品时间	片名/影片类型	导演	制片厂	主演	担任工作
1956年	《宋士杰》/彩色戏曲片	应云卫 刘 琼	上影	周信芳 李玉茹 童芷苓 刘斌昆	摄影
1957年	《女篮5号》/彩色故事片	谢 晋	天马	刘 琼 秦 怡 曹其玮	与沈西林联合摄影
1958年	《望江亭》/彩色戏曲片	周 峰	海燕	张君秋 刘雪涛	与罗从周联合摄影
	《林则徐》/彩色故事片	郑君里 岑 范	海燕	赵 丹 李 镛 邓 楠 秦 怡 温锡莹 韩 非	与曹威业联合摄影
1959年	《聂耳》/彩色故事片	郑君里	海燕	赵 丹 张瑞芳 江 俊 王 蓓	与罗从周联合摄影
	《旭日东升》/纪录片	/	天马	/	与陈震祥联合摄影
1960年	《六十年代第一春》/彩色故事片	沈 浮 刘 琼 林 扬	海燕	刘鸿声 张 雁 邓 楠 温锡莹 韩 非	与曹威业、王志初联合摄影
1961年	《枯木逢春》/电影	郑君里	海燕	尤 嘉 上官云珠 徐志骅 刘鸿声	摄影
1964年	《霓虹灯下的哨兵》/彩色故事片	王 苹 葛 鑫	天马	徐林格 宫子丕 马学士 袁 岳 廖有梁 刘鸿声 陶玉玲	摄影
1980年	《白蛇传》/彩色戏曲片	傅超武	上影	李炳淑 方小亚	总摄影
1989年	《洒向人间都是爱》/五集电视连续剧	岑 范	/	白 杨	总摄影

此表出品时间参照《中国电影发展史》（程季华主编，中国电影出版社1981年版）以及上影厂建厂50周年画册。

附录三：获奖情况

一、电影作品获奖

1.《梁山伯与祝英台》

影片获文化部 1949—1955 年优秀舞台艺术片一等奖，个人荣获文化部 1949—1955 年优秀影片个人一等奖；

1954 年获捷克斯洛伐克第八届卡罗维·发利国际电影节音乐片奖；

1955 年获英国第九届爱丁堡国际节映出奖。

2.《伟大的起点》

获文化部 1949—1955 年优秀影片三等奖。

3.《女篮 5 号》

1957 年，苏联第六届世界青年联欢节国际影片展览银质奖章；

1960 年获墨西哥国际电影周银帽奖。

4.《林则徐》

为 1995 年"中国电影世纪奖"十部优秀影片之一。

5.《聂耳》

1960 年获捷克斯洛伐克 第十二届卡罗维·发利国际电影节传记片奖。

6.《白蛇传》

1980 年，获文化部优秀舞台艺术片奖；

1982 年，获第五届百花奖最佳故事片奖（戏曲片）。

二、个人获奖

1956 年，被评为上海电影制片厂"积极分子"。

1978 年，被评为上海电影制片厂"先进工作（生产）者"。

1979 年，被评为上海电影制片厂"先进工作（生产）者"。

1979 年，被评为上海电影局"先进工作（生产）者"。

1986 年，摄影作品《丽水》入选德国国际影展获特别奖。

1986 年，《枯木逢春》剧照荣获上海电影剧照展览一等奖。

1992 年，荣获中国电影摄影特别奖。

1993 年 10 月，获国务院政府特殊津贴。

1994 年 2 月，荣获宝钢高雅艺术奖励基金首次颁发的特别荣誉奖金质奖章。

1996 年 12 月，荣获中国摄影家协会颁发的荣誉杯。

附录四：工作笔记（选拍）

　　1925 年，黄绍芬进入上海民新影片公司学习摄影和洗印技术，他学习认真，工作细致。现保存的 15 厘米 ×9 厘米大小的笔记本，记录了他当年学习和工作的情况。

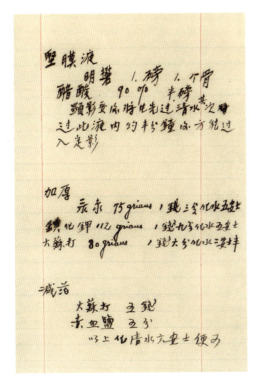

　　黄绍芬笔记本中记录了冲洗胶片时，如何对胶片进行坚膜处理，以及如何加厚和减薄胶片密度的方法

　　黄绍芬笔记中记录了配制显影液时如何处理显影剂衣仑（现名为米吐尔）的方法，以及担任摄影助理工作应注意的事项

黄绍芬笔记本中记录了出外景拍摄时，摄影助理应准备的物品

黄绍芬笔记本中记录了各种滤色镜的使用方法及拍摄效果

黄绍芬笔记本中记录了一年四季外景实拍时感光掌握的体会

黄绍芬笔记本中记录了一年四季室内实拍时，光圈与速度的关系

黄绍芬工作日记本及签名（组图）

黄绍芬笔记本记录了1952年上海联合电影制片厂摄影、录音等部门的技术人员名单（组图）

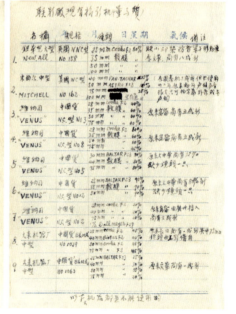

黄绍芬笔记本记录了1952年上海联合电影制片厂的摄影器材目录（组图）

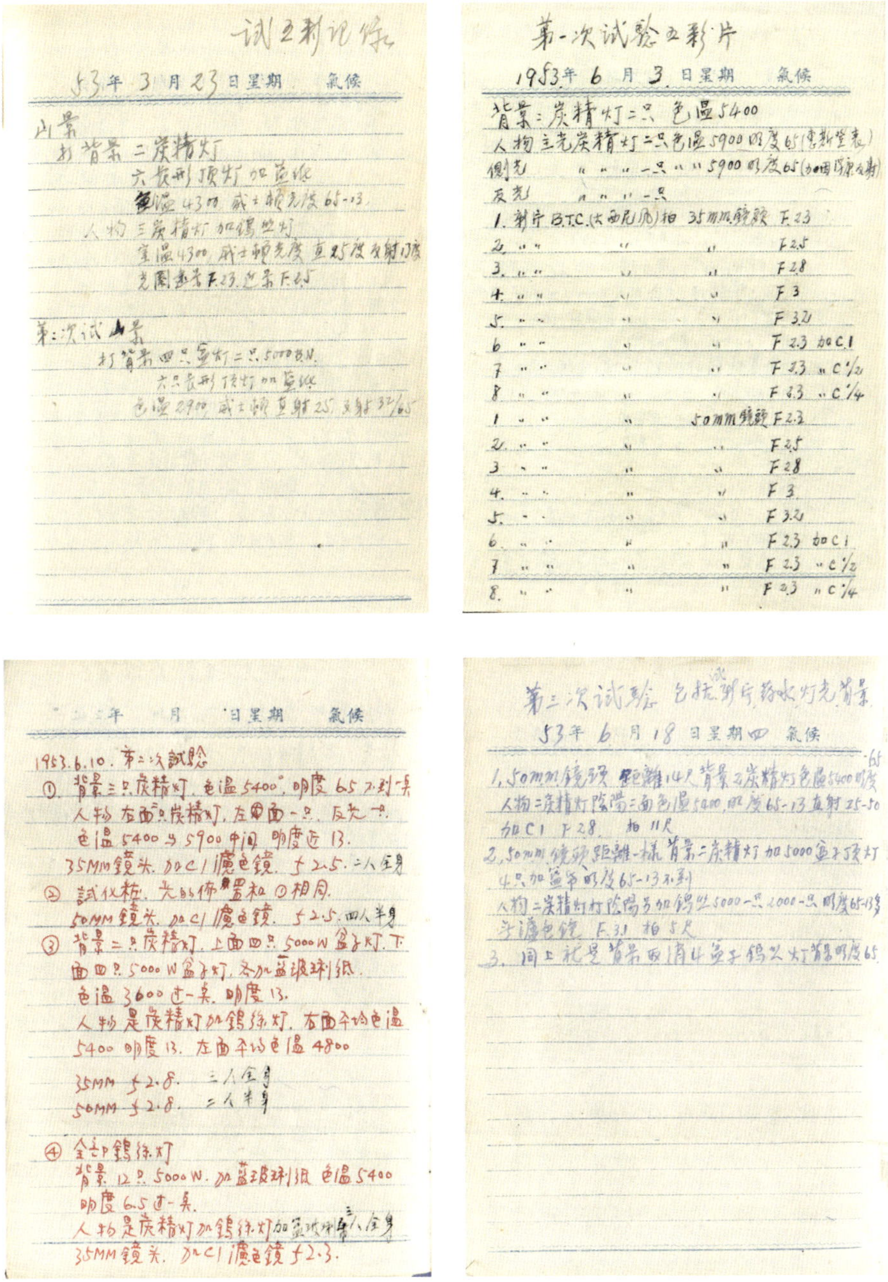

黄绍芬笔记本保留了 1953 年《梁山伯与祝英台》开拍前的彩色试片笔记（组图）

附录五：发表文章选（12篇）

一、在成长的过程中

◎ 黄绍芬

将中国优秀的地方戏曲之一——越剧的《梁山伯与祝英台》搬上银幕，这是我国人民文化生活上的一件大事。这一件事情表明了党和政府对于我国民间戏曲艺术的重视和爱护，同时也意味着在人民掌握了政权的新中国，优秀的民族艺术获得了蓬勃发展的广阔的天地。

中国的戏曲是最富于色彩的，无论就绘画的造型的见地或就展开戏剧矛盾的观点来说，"色调鲜明"是中国戏曲的一大特色。因此，用彩色片来摄制像"梁山伯与祝英台"这样一个美丽的民间故事，这是最自然也是最恰当的事情。

为了适合于这一个民间传说的浪漫主义的色彩，在造型处理的意图上，我们首先决定运用浓丽的笔触。我们的背景设计采用了中国民族风格的水墨画，我们希望能在观众面前展现着一幅幅的精致典丽的"册页"，而人物的动态和歌唱则给这些"册页"注入它们前所未有的生命。但在某一些画面的设色和构图上，我们掌握得不够恰当，而使背景的华美超过了应有的限度，以致分散了观众对演员的注意力。

同时，由于我们对摄制彩色片还没有足够的经验，我们把主要的精力放在如何能正确地表达色彩上面，因此对气氛的创造就相当拘谨，不敢大胆运用明暗的处理，这也使影片的质量受到了若干的损失。

彩色片《梁山伯与祝英台》的摄制过程并不是一帆风顺的，我们的工作充满着困难和挫折。而在克服困难的斗争中，我们不断摸索、不断改正错误，并不断以苏联大师们的先进理论和经验武装着自己，终于能初步掌握了摄制彩色电影——这在中国的人民电影事业中是最最年轻的一项工作。

不必讳言，我们还是第一次制作大型的彩色故事片，经验不足以及物质条件的欠缺都给我们带来了困难。举一个例来说，"色温"对于彩色片是一个很重要的环节，而为了正确地掌握"色温"，就曾经费了我们不少的心力。经常由于"色温"的偏高偏低，色彩得不到正确的表达，影响了我们工作的质量。经过一系列的摸索和改进，我们才能驾驭了"色温"。同时，因为我们照明灯光设备不够，用钨丝灯来补炭精灯的不足，这两种灯同时使用，对于影片的色彩也有影响，并且增加了操纵"色温"的困难。

类似的困难还可以举出很多。应该指出，在我们国家各方面飞跃进步的情形下，我们的电影事业也在日新月异地改变着自己的面貌，上面所举出的一些物质上和技术上的困难就要迅速地成为过去，甚至于将来可能以一种"怎么？这也能算什么困难吗？"的心情来回忆。然而这的确曾经是我们的困难，这同时也可以说明我们处在成长过程中的一个面影。

我们所引以自豪的就是我们对于工作所抱的无限的信心。由于上级正确的领导以及全体同志们的创造性的劳动，我们排除了无数的困难和障碍，胜利地完成了党和人民交给我们的任务。

（原载于 1954 年 8 月 22 日《新民晚报》）

二、略谈《林则徐》影片的摄影

◎ 黄绍芬 曹威业

影片《林则徐》所记述的事件是我国人民非常熟悉的、一百多年前的鸦片战争，英帝国主义者不断把大批的鸦片运进中国，骗取大量的白银。"鸦片之害，可以亡国灭种"，帝国主义者就利用它来毒害中国人民，并一步一步地想骑到中国人民脖子上来。当时百姓有抽大烟的，皇亲国戚宫廷之中也有抽大烟的，因此道光皇帝派林则徐担任钦差大臣去广州禁烟。林则徐在人民的支持下，禁烟很有成绩，但由于清朝的腐朽，尽管林则徐禁烟有功，结果还是被革职发配到伊犁。人民在这样的形势下就自觉地组织起来抵抗洋人，展开了历史上著名的三元里战斗，从此中国人民开始了轰轰烈烈的反帝反封建的斗争。

因为是这样一个历史题材，在摄影的处理上，当然不能和现代题材一样，更多地用色彩去渲染气氛，或者是像初期拍摄彩色舞台纪录片一样，单纯地要求色彩的正常还原。用彩色片来拍摄这样一个题材，对我们是一个新的课题，是一个新的尝试。在色彩的处理以及光的处理上，为了更好地符合剧情，烘托出时代背景，摄影采取了比较沉重的色泽，作为影片的基调。现在从影片的银幕效果看来，虽然比较接近当初的设想，但仍不够理想，如果能采取林则徐在书房内蹬在地上用一盏油灯看地图那一个镜头的色调作为影片的基调，就会更理想些。

为了达到这样一个基调，我们在开拍前的筹备期间，和导演、美工、化妆、服装在各方面做了详细的研究，看布景图样，研究布景的色彩，研究各个不同人物的服装式样及颜色（基本上都是采用比较深的色调），以及如何与布景的色调配置协调等等。这些工作在彩色片中也非常重要，苏联专家曾说过："布景是条件，灯光是手段。"如果第一步工作没有做好，布景的结构色彩以及服装的颜色不符合要求，摄影有多大的本领也无能为力去弥补得很圆满。

下面我们想提出几场比较好的与失败的场景来说明经验教训，与同志们进行探讨。

"前宫"道光皇帝召见军机大臣及林则徐。摄影原想把这堂景处理得既富丽又有空洞阴森之感，来表现帝王的豪华及其森严的气氛，但现在呈现在画面上的是鲜艳夺目的色彩，掩盖了主体人物的活动、表演，显得喧宾夺主，与原来所设想的影片的基调不太调和。这主要由于经验不足、实践的机会不多、没有能事先在设计图样上看出问题（红的色调太多）所致，对彩色片的特性红蓝色的过敏性认识也不足。由于是第一堂布景，在创作上也表现得不够大胆，无意中还在追求色彩的还原，如为了照顾景中上面横梁等部分的颜色能够还原，就加强了照度，当时虽感觉到上下的亮度差别不大，但未及时补救，这样就影响了画面上色彩的复杂和深度感，阴森的感觉也就没有了。其次是这场戏的底片冲洗格码偏高（我们使用的是苏联 ЛН—3 彩色片，冲洗 Υ=0.79；理想的应该 Υ=0.64），也影响了色调，使颜色显得生硬。

这一堂景因摄影棚面积的限制，景本身的长度只有五十尺左右，美工在布景本身运用了透视，把两边的红柱子做成从粗到细，这样就增加了布景的深度感。拍林则徐进宫的一个镜头，摄影采用了（25mm 镜头）从道光皇帝的龙椅后面向宫门方向拍摄，用龙椅及道光皇帝的背影作为前景，看到林则徐揭开门帘走进宫来，以前景人物与后景人物的对比，又进一步地加强了布景的深度感。同时，在光的处理方面，我们也做了适当的安排，除了用阴暗的层次分出柱子之间的距离感外，我们在宫门外加了一只强光灯，作为阳光射在门帘上；当林则徐进宫时，拉开门帘让一道光入射入殿中，这样就更加强了景的深度，同时也烘托了林则徐这个人物的出场。

"义律室"这堂景讲的是英国驻广州的领事义律已经工作了一夜，直到第二天早上他仍在策划如何"征服"中国的阴谋，写信给当时的英国外交大臣巴麦尊，虽然是早晨了，但房间内的窗帘还没有拉开，写字台上仍旧燃着一支残烛。摄影的任务是如何创造符合环境的气氛，衬托出剧中人在策划一种阴谋，另一方面是如何用光和色彩来塑造这个人物，刻画人物内在的阴险毒辣，因此在气氛上企图把它处理得阴沉浑浊一点。为了增加空气混浊的感觉以及早晨阳光从窗帘漏缝中射进来的真实感，在后景加一层纱幕，在纱幕上打了两条光；整个布景颜色是采用青灰色，这样室内就显得乌烟瘴气，有浑浊之感。条光运用在纱幕上，在另一边墙壁的大地图上也直接打上了条光，没有利用纱。开始一幕看来似乎不接，但画面没有全景，始终是局部的表现，所以也没有不协调的感觉。相反，在一反拍镜头中，由于人在后景，本来挂的纱幕变成了前景，这样纱幕就不能用了，但为了环境气氛的连接，我们就在原挂纱幕处的地上投射了一束光，这样便把环境气氛及光影的效果连接了起来。

在人物的处理上，用了一只比较高的灯照在演员的正面（作为阴部），使脸上凸凹得显著些，有些丑恶灰色的情绪；又用了一只小的聚光灯，照在演员的下颚，作为蜡烛效果光的照射。同时又用了一束蓝紫色光，从左反侧打在脸上，呈现一种死色，来刻画人物阴险。这场戏在整个照度上压低了三分之一，阴暗的面积较大。总的说，这场戏在处理上是比较满意的，当然也有不足之处，如打在纱幕上的条光线条比较生硬、有些人工化，如果柔和一点就更显得真实。

这堂布景采用了青灰色的色调，给摄影在创造气氛上很大的便利，很方便地突出了人物。我们都知道灰色背景在黑白片中是最难处理的，弄得不好就显得脏、粒子粗，但在彩色片中，在灰色中加少许青或蓝，是比较容易处理和讨好的，摄影可以为所欲为，尤其在处理"阴森冷酷"的气氛，更易达戏剧效果。

从以上两堂布景的色调来看，原色（红、绿、蓝）的东西不宜在画面中多用或大面积地用，因为原色本身就很单调，并且很夺目，处理得不当就显得庸俗。相反复色的东西不但容易处理，而且符合于生活的真实。

"林则徐书房"。林则徐蹲在地上用一盏油灯查看地图，以防洋人的进攻。这堂景同样是从夜晚到早晨，但在摄影的气氛处理上，却有显著的不同。"义律室"是阴沉浑浊的空气，一两道光从窗帘缝中射进；而林则徐由书房到大厅，是清静明快的气氛，阳光普照。在技术处理上我们用了三只五千瓦特的硬光灯打进格子窗，在窗子内外放了少许的白烟，让射进窗格的光成为一条条的光柱，现出早晨的气氛。当林则徐走进窗前将窗户一扇一扇地打开，室内的亮度逐渐增加，在开厅门的时候用三只两千瓦特灯照在一排椅子上。在开门前，每只灯前先用一块三夹板避住，配合开门的动作逐一抽去灯前的三夹板，造成门开时阳光随着门的开启射进来的感觉，这样也衬托了人物开朗的性格。

"江边码头"。这场戏主要写洋人颠地在夜晚逃走，人民分路追赶的情景。布景原来想搭在场地，把景搭得开阔些、深远些，以更能显出景的真实感，但由于场地晚上风较大，照明在灯前很难加用彩色纸，特别是天片部分，每只灯上都要加用蓝色纸，彩色纸加在灯上受着高热，很容易发脆，受到一些风力就会全部碎掉，这样就很难进行工作。同时这场戏的镜头数也较多，不是一个晚上可以拍完的。由于这些原因，我们就决定把这堂景搭在摄影棚里。这堂景搭在棚内，仍旧存有许多问题，首先是影棚的面积给布景造成了一定的限制，也给摄影带来了难题。主要是景的深度不够，三面天片，靠近后面天片脚下是一座小木桥，两边有几间小茅屋，前景是一片小水塘代替江水，岸边还有一株榕树。因此，摄影的最大任务是如何使得这个景显得很深远，环境的真实感更强。当时我们主要是从下面几方面去着手的。一，根据景的面积尽可能采用广角镜头，利用前景与后景的对比来增加深度感，在一个全景镜头中，前景安排了一只官船的船头，这样不但增加了景深，而且增加了前景以水塘代替江面的真实感；二，在水塘的对岸从高处打一只灯在岸边的水上，代替江对岸的灯光照射在水上的倒影来增加真实感和深度；三，利用天片的色调，因为天片的色调与亮度如果处理得不恰当，就会失去月夜天空的真实感，或者会显得把景推到前面，影响景的深度。在处理这场戏的天片时，我们在盆子灯前加了两张蓝色纸，使天空成为蓝黑色。（天片本身是浅蓝色，上面深下面淡，天片照度W7，一般人物正常的主光W13）我们曾经做过试验，认为用这样的色调处理夜晚的天空是比较好的，如果只用一张蓝纸，尽管照射在天片上的亮度是一样，但效果不同。天片上白云再用较淡的白光照明衬托一下，云彩就更生动地飘浮在半空，现在看来是获得一定效果的。

在人物光的处理上，用了三只150A炭精灯从左反侧投射在人物的身上及地上，作为月光的投射。我们都知道钨丝灯彩色片用炭精灯照明（色温高，蓝紫成分较多），不需加任何彩色纸，可以得到夜色的效果。为了不让炭精灯照射的光呈现较重的蓝紫色，我们把炭精灯的升降电阻器降低，使色温不超过5000°K，在画面上只感到轻微的蓝紫色，人物的正面均用钨丝灯照明，并利用大树下的阴影使得人物忽明忽暗，衬托这些贪官污吏在偷偷摸摸地护送洋人颠地逃走。炭精灯的照明放在人物的左侧，同时也照顾了正面人物的出场，因为是在同一个时间的月光投射，方向不宜变动。由于投射在人物身上的面积不大，当正面人物出场时，他们手执火把，因此加用了红光照明，使它与前面洋人逃走的冷色色调有显著的区别，在后景天片的下脚也加上火红光的照明，来衬托人民愤怒、激动的感情。

最后简单地谈一谈用钨丝灯片在内景化装上加用银粉的问题。我们认为加银粉后的肤色质感很强，也显得油润，可能是因为银粉本身含有些青的色素，并反射大量的短波光线，弥补了一般灯光色温不足的现象所致。日光片在外景拍摄时，一般色温符合要求，都不采用银粉。

（摘自于 1959 年第四期《电影技术》）

三、理解体验探索——电影《枯木逢春》摄影创作琐谈

◎ 黄绍芬

在酝酿电影《枯木逢春》的摄影基调前，我曾多次观摩舞台演出，并且随导演到农村生活了一段时间，更重要的是从毛主席光辉诗篇《送瘟神》中吸取了丰富的滋养。毛主席诗词是革命现实主义与革命浪漫主义结合的典范，经过反复吟咏，我逐渐领会了领袖深邃的感情和人民的疾苦与欢乐。诗篇气势磅礴、想象驰骋，这一切使我感到影片的摄影基调应该是质朴秀丽、明朗有力、对比鲜明的。

摄影基调是根据影片的主题思想、体裁、样式决定的。摄影师的全部创作构思，应该集中体现于基调。当然，把基调理解得狭隘了，就会造成千篇一律的"单调"。应该从统一的基调出发，根据不同场景的需要，采取不同的变调处理。这就要求摄影师仔细分析剧作结构，权衡情节轻重，对比人物关系，结合不同情景的环境、气氛，不断丰富创作构思。

场景构思

《枯木逢春》表现的生活面较广，人物关系也较复杂，更需要运用变调处理的方法。我把影片中的四堂主要布景，即"序幕""苦妹子家""方妈

妈家"与"血防站"，仿效交响乐的"分段"，分别标以"苦""农""工"与"医"的标题。在同一个场景中，又根据情节发展要求，作了不同的变化处理。

"序幕"写方家逃灾离散。方老爹病死途中，罗舜德外乡谋生，苦妹子与冬哥失散……这是国民党黑暗统治下中国农村的缩影。为了表现阴沉、压抑的调子，突出"满天乌云当头盖"的情景，在这堂荒冢累累、枯树凋零的荒郊布景中，结合人造烟雾、投影云彩的运用，制造了一种大地茫茫、不知所向的意境。

"苦妹子家"，我们以竹子遍地、四季常青的特征，暗示苦妹子强烈的求生意志。展现在这堂布景中的情节，大都偏重人物内心活动，这就要求对人物、背景与气氛进行细腻的刻画。例如"夜诊"一场，苦妹子新寡，自己又染上了病，情绪固然低沉、忧伤；但是，罗舜德的热情宽慰，带来了温暖，这就必须改变一般夜景宜暗的处理方法，而将光调处理得较亮。

"方妈妈家"，是拖拉机手宿舍，环境布置要有工人生活特点，布光也宜线条粗犷有力，画面影调明朗，这样才能区别于"苦妹子家"的纤细。方家门口的一棵大树，干壮枝粗，盘曲如舞，我们用它衬托冬哥粗犷、爽朗的性格。这堂布景的三场戏，摄影处理也有所变化。母女相见那场，表现她们悲喜交集，光线要求比较柔和、明快；回忆一场，表现方妈妈忧思惧怕，我们有意将人物处理在较暗的地位；大扫除一场，时间在清晨，阳光射入室内，光调特别明快、强烈，从而增添了一些喜剧色彩。

"血防站"从"医"字着眼，必须给人洁净、明快、宽畅、安静的气氛，因此，光调宜明朗有力，画面中前后景呼应，层次分明。这是一堂重点布景，全片约有三分之一镜头都是在这里拍摄的。这就更要求摄影处理富有变化。例如"毛主席来了"那场戏，根据导演提出的"民歌体的颂歌"的要求，为了造成强烈、激昂的情绪，我们学习民歌中的夸张手法，以强烈条光投射在背景上，并不追求光源的真实性。罗舜德会站向人们叙说一场，为了突出毛主席"夜不成寐"的深刻含义，就在罗舜德的背后投射大片条光，让光线唱出："毛主席像太阳，一照到哪里哪里亮！"

人物造型

以上是场景构思，再谈人物造型。人物形象是作品的核心。摄影师设计的画面构图、气氛渲染，归根结底也是为了塑造人物，表现他们在不同情景中的精神状态。

塑造人物形象，不能只追求外表，而要善于发掘人物的内心世界。例如苦妹子这个人物，随着情节的展开，她的生活境况发生变化，这种变化不只是表现在年龄、外貌特征，更重要的是性格的成长。塑造人物形象就要抓住性格特征。她最初是一个十三四岁的农村姑娘，天真、单纯；方老爹提起亲事，她羞涩；与冬哥失散，她恐惧。这些性格特征，我们是通过突出她的眼神来表现的。苦妹子充满矛盾，"拒绝"冬哥爱情，劝冬哥离去，奔入内室关门一场戏，我们使用几根光影直泻在她的脸上，衬托苦妹子的复杂感情。

一部影片的节奏感，是在镜头组接完成后表现的。然而，摄影师拍摄每个镜头，必须善于掌握导演意图。因为镜头移动速度、镜头拍摄角度，以及不同距离、景位的运用，无不直接或间接影响节奏感。节奏掌握恰当，有助于揭示情节发展与人物情绪变化。我们在拍摄"重逢""毛主席来了"等场戏中，为了抒发片中人物的强烈感情，做了运用节奏变化的探索与尝试。

（原载于 1962 年 2 月 28 日《文汇报》）

四、《聂耳》摄影创作的一些体会

◎ 黄绍芬

1959 年的春天，我怀着喜悦和激动的心情，读了《聂耳》电影文学剧本。我非常喜爱这个剧本。在剧作家于伶同志的家里，通过和几位聂耳生前的好友一起叙谈，回忆聂耳的成长与革命活动，讨论剧本的最后修改方案，我得到了很多收益与启示，也激发了我的创作激情。

通过阅读剧本，通过对聂耳生前活动地点的深入了解，和对他的全部作品——歌曲的系统的欣赏与分析，特别是于伶同志感人的追述，我深深地崇敬聂耳，觉得在感情上更加深厚了。聂耳是我们同时代的人，我与他合作拍戏不多。记得在"联华"电影公司拍摄《母性之光》的时候，我们朝夕相处。他那对人热情、诚恳的态度，对待生活的乐观情绪，严格要求自己以及好学不倦的刻苦勤奋精神，都给我留下了难以忘却的印象。时光已过去三十多年了！如今往事重忆，他的谈吐举止、音容笑貌还是历历在目。

应该说，当时我对聂耳的了解显然是非常不够的，只是从日常生活的接触中产生的一些直感。而对于聂耳接受革命教育与革命锻炼，以至成长、成熟的内在素质，我是无法了解的。这是由于当时我那谋求衣食、浑浑噩噩的生活态度带来的根本局限性，使我无法洞悉作为革命者的聂耳的高贵品质。正因为这样，我特别珍视参加剧本的讨论。从多次讨论中，我受到深刻的教育，并且对聂耳生前的思想、生活与品格获得了新的较全面的认识。

我被那充满激情的追忆所感染，这些追忆孕育着聂耳这个艺术形象的种子。聂耳作为革命知识分子的典型，给我们树立了榜样，他走过的道路，正是今天我们知识分子应该走的道路。我与影片的其他创作者一样，决心学习聂耳的精神，并一定要把这部影片拍好。

摄影师在接受拍摄任务时，必须考虑一部影片的摄影基调。影片的摄影基调，对于摄影师来说，是完成银幕画面造型任务的基本课题，它应该反映出时代的本质特征。我们拍摄《聂耳》这部影片，就是从当时的时代特点出发，通过表现聂耳的成长与发展，来反映当个时代的风貌。

聂耳生活的时代是在第二次民主革命时期。毛主席在《新民主主义论》一书中，深刻地概述为两种反革命的"围剿"和两种革命深入。国民党反动派在帝国主义策动下所进行的历时十年之久的军事上的"围剿"和文化上的"围剿"都惨败了：军事"围剿"的结果是红军北上抗日；文化"围剿"的结果是1935年"一二·九"青年革命运动的爆发；而作为这两种"围剿"

的共同结果则是全国人民的觉悟。毛主席这一精辟的分析与历史的概括，对我们理解剧本的时代特征起了指导作用。正如《列宁主义万岁》一书中所说："所谓时代，是哪一个阶级成为时代中心的问题，是哪一个阶级决定着时代主要内容、决定着时代发展主要方向的问题。"聂耳生活的时代的本质特征，是无产阶级领导的人民大众所进行的反帝反封建的民族革命运动。这样，摆在我们面前的创作任务，就是要通过聂耳这个人物，具体地形象地反映出这个中华民族觉醒的时代。

聂耳从一个热情的爱国青年，经过革命的实践与考验，终于成长为无产积极的革命战士。他自觉地运用音乐武器来打击敌人，鼓舞人民，唱出时代的最强音，成为时代的伟大歌手。在聂耳的思想、生活和音乐的创作中，贯穿着对革命必然胜利的信心这条红线，这条红线极为鲜明地表现了聂耳的革命乐观主义和革命浪漫主义精神。聂耳一生的发展是昂扬向上的，是在斗争的考验中成长的。时代的革命的内容，在他身上得到强烈的反映。因此，摄影基调的确定必须根据聂耳和时代的关系这条主线来考虑，也只有这样，时代赋予聂耳的精神品质，才能在银幕上得到恰当的表现。

在我最初的摄影构思中，由于没有正确认识时代的本质特征，我只有从"白色恐怖"去理解，只按一般处理敌我斗争环境的方法来酝酿基调，想以昏暗、沉闷作为基调，似乎这样的基调才能突出时代的气氛。这是错误的。后来经过进一步的深入研究，又听了导演的阐述与分析，再和摄制组其他创作人员讨论，才决定摒弃最初的设计，而确定借助于色彩达到以明朗有力、对比鲜明作为影片的基调，这样来使摄影处理与剧作主题、人物形象更相吻合，保持影片在造型上的统一。

这个改变是符合导演的创作意图的。正如导演在阐述中所说："这是一部带有喜剧因素的正剧，是由于聂耳的乐观主义和作者的浪漫主义所决定的。"同时，这样一个摄影基调与自己在近年来创作中所追求的清新、质朴、浑厚的格调也是一致的。

从影片《聂耳》的成品来看，摄影基调基本上符合影片所要表现的内容、情节、人物等，和其他创作部门（表演、布景、音乐等）也取得了比较有机的协调和统一。通过人物形象的塑造，烘托出了时代气息，看出时代的中心——民族民主革命运动的气势。新生的事物尽管在开始时很弱，处在受排斥、被打击的地位，但它是推动历史的力量，是黑暗中的光明，到头来终将成为决定历史内容的不可抗拒的宏伟力量。它终将摧毁、埋葬那个腐朽的封建王朝。不从这一点设想，作为生活在那一时代的聂耳，将得不到完美的表现。

从以上的认识可以看出，摄影师进行创作的一个最主要的前提，就是必须具有正确的立场、正确的观点和正确的方法。这是他赖以认识作品反映的时代特征和典型形象的基本出发点。这也就是说，摄影师只有建立正确的世界观，在不断提高政治思想水平的基础上，才能正确理解剧本的主题思想，从而正确地确定他处理作品的基调。

基于确定的摄影基调，我想列举影片中的几个场景处理，就自己的认识水平，进行一些探索。其中有比较好的，也有深感不足甚至是完全失败的，同时借此说明我们在创作过程中的认识。

（一）聂耳在1930年初到上海。从他和郑雷电的关系中，我们得知他到上海是为了避开敌人的迫害。当时的上海，是一个半殖民地半封建的社会，人民被白色恐怖笼罩着，社会情况、环境气氛比他的家乡昆明要复杂得多。初次来上海的聂耳，对这个地方充满了好奇。因此，从聂耳下船，踏上轮船码头，我们的处理是以聂耳的心情为转移，给予明朗、活泼的调子。接着他再出现时是在晒台的阁楼上：上海的高楼大厦在沉睡，晨曦涂染在迷蒙的晓雾上；画面里远远看见聂耳穿着白色汗衫，一半身子伸出阁楼窗口，在舒展肢体，呼吸新鲜空气，金色的阳光照射在他的脸上，他的四周是多么辽阔，远处有汽笛声传来。这时，薛老板叫他去送货，他缩进了阁楼。阁楼很狭小，暗示出这个狭窄的笼子是关不住一个朝气蓬勃的青年的。阁楼里除了一道投射的光线外，充满袅袅浮起的炊烟。演员的动作是活泼天真。最初，我们单纯从政治环境上着眼，设想这场戏的气氛是沉重、压抑，一片乌烟瘴气。后来经过仔细深入的研究，发现若这样处理就会离开人物的特定情绪，和导演的意图、演员的表现也就不相协调。

（二）聂耳和郑雷电离别。在这场戏里，聂耳和郑雷电不是伤感的惜别，而是怀着对革命必然胜利的信心，是战友道别的互相慰勉。"龙华塔"这个典型环境，在革命者的眼中，是广阔翱翔的天地的象征（尽管反动派在这里附近杀害了无数革命志士，但他们对此是无所畏惧的）。因此，在这一规定情境下，摄影师必须赋予抒情的色彩：青葱翠绿的大地，"万绿丛中一点红"，郑雷电像"报春的燕子"，带给聂耳对革命的向往与坚强力量。只有这样，这场戏的任务才得以完成，这场戏的情节、人物及其发展，才得以表现。

（三）聂耳投考音乐学校，聂耳创作《毕业歌》，群众包围伪上海市政府，在这些场景设计上我都运用了几条强烈的光柱，试图以此表现出新生事物孕育着摧枯拉朽的力量。

聂耳投考音乐学校时，正处在政治上苦闷、彷徨的时期，他企图在音乐上有所提高。虽然他不很明确应在什么思想指导下提高，向什么方向发展，但聂耳身上的那种朝气、向上的进取心，却是一种坚强的内在力量。因此，在这场戏的设计上，我们采用明暗对比鲜明的光调来处理：当聂耳走进口试室，他身后投入一条强光，人物面部光线明朗、结实，显示出新生力量的不可战胜。相反，教授一方面虽是居高临下，但在处理上人物的面部光调却是灰暗、沉浊的，在背景上有几条碎影，象征破裂的国民党党徽，以揭示出他们阶级的没落，艺术的没落。这场戏的光影比较强烈地构成了镜头内在的矛盾冲突。感到不足的是，镜头空间上部的阴影若能浓重一些，则将更能突出聂耳说"你们考的是大洋钱"所表现出来的反抗性格。

在聂耳弹奏《毕业歌》时，他在政治上、音乐上已趋于成熟。因此，在他弹奏时，我们在后景上也设计了一条强光，造成强烈的光影效果，与激荡的歌声互相陪衬，以表现出人物精神上的那种革命力量。这条强光的运用，不像口试室时用的对比法，而是通过音乐来互相烘托、交相辉映。

群众包围伪上海市政府，在伪市府的大厅里，从窗口投射进几条又粗又壮的强光，而伪市长和他的那些狐群狗党处在前景地位，人物面部是阴暗的，以描写出他们的阴险、颓丧、低沉、挣扎。而那几条强光则揭示出群众要求抗日的激昂情绪。这种力量是不可抗拒的，就像乌云永远遮不住太阳一样。

（四）聂耳和郑雷电的相会，聂耳的入党，聂耳创作《义勇军进行曲》等场景，我们都运用了彩色光。彩色光，是彩色摄影片特有的摄影语言，它通过色彩给予视觉的感受，表达人物的心理状态，渲染环境的特定气氛，借助色彩的夸张，突出人物在特定情景中的特殊地位和作用等。如何能运用恰当，对我来说，还在摸索、试探中。

聂耳初会郑雷电。在这场戏里，聂耳正处在政治上苦闷、彷徨的阶段，郑雷电的到来，对聂耳起了指引的作用，后来她终于把他带上了革命的道路。但是，在这场戏的地点却是在灯红酒绿的上海闹区，两人相会又充满着激情。在剧作安排上，郑雷电的到来富有浪漫主义色彩，聂耳见到郑雷电，当时的心情是起伏不平的，在矛盾、在斗争。因此，这场戏的光线处理不宜低沉、压抑。为了表现这一特定情景里的人物的内心活动，我们设计了红色光的忽明忽灭，正如郑雷电所说："生命如火花……"而这种红色光的明灭就像火花一样在聂耳的心头闪耀着，揭示出聂耳此时的感情起伏和矛盾的内心世界。

聂耳知道自己被批准入党的几个镜头，我们赋予橘黄色的彩色光。这场戏的地点是化妆室，在他演出《扬子江暴风雨》之后，心情是愉快的。当苏平告诉他已被批准入党时，聂耳当时的心情是无比激动的，但演员此时没有大的形体动作，也不可能让周围的人知道，因为这是秘密的。因此，我们就用橘黄色的光来强调这种内心喜悦，而这种暖调的彩色光逐渐扩大，调子从淡到浓，富有层次地衬托出严肃中见喜悦的心情。

聂耳创作《义勇军进行曲》这场戏，我试图采用强烈的红色光来处理。这场戏是全剧的高潮，开始的气氛是宁静，随着聂耳音乐构思的成熟，高潮最后形成。我们借助在黑暗斗室中点燃的蜡烛，将红光映照在聂耳的脸上，并映红了他的周围。随着《义勇军进行曲》的号声响起，画面上出现了一组革命风暴席卷全国的镜头，表现出革命以汹涌澎湃之势激荡着千百万人民大众，"起来！不愿做奴隶的人们！……"这时，我们在光影、色彩处理上给了最大的夸张与强调。如果没有这些强烈的光影色彩，势必使摄影处理同人物的心情、作用和音乐形成不协调，从而削弱这场戏在全片中的地位和应有的感染力。

通过以上几场戏的构思，我从自己的创作实践中感到：摄影师对光影、色彩等手段的运用，主要目的在于塑造人物形象。这是第一位的任务。环境气氛的处理，也只有紧密地结合人物，才能具有艺术感染力。

但是，这些光影、色彩的处理，如果拘泥于生活的自然真实，就不能发挥它应有的作用。如上面的强光光柱和不同情景中对彩色光的夸张的运用，要是追查光线来源，那是无法说清楚的。在这里，光线处理的最大根据，是建立在人物在特定情景中的内心活动这一基础上。它不会破坏生活的真实，而是经过提炼、概括、加工了的艺术的真实。从某种意义上说，艺术的真实比生活的真实更真，更具有说服力。我想观众对这是能够接受的。

摄影技巧的发展和剧作的因素、导演的构思、演员的表演，以及美工师的设计、音乐的处理等是分不开的，特别是导演的艺术构思和要求，对于推动摄影技巧起着很大的作用。因此，摄影师的光影、色彩处理，在导演的艺术构思中应给予充分考虑，并给予能充分发挥的广阔天地。在具体探索运用时，又需导演给予热心的支持。这是一条很重要的经验。

影片《聂耳》完成后，在各地放映受到群众的欢迎，这是剧作家、导演、演员及其他创作人员的成功。就摄影方面来说，只能算是探索和尝试。这里应该指出，影片《聂耳》的摄影，还存在着许多不足与失败的地方。最明显的是，在确定基调以后，没有根据场景转换和人物的内心活动的变化，来采取必要的变调处理，结果形成"为明朗而明朗"，在一定程度上破坏了规定情境的气氛。例如，聂耳在码头上体验生活一场戏，空旷的画面缺乏阴霾压抑的气氛，这怎么能衬托出码头工人受压迫的苦难命运？又如小红试唱《铁蹄下的歌女》一曲，歌声中的凄怆悲愤，也还没有通过画面色调给以应有的衬托，相反，背景却是云淡风轻的景色。这种处理是和规定情境格格不入的。再如包围伪市府一场戏，色彩用得过淡，这种平涂设色与闸北战火一场相比，显然在色彩上是缺乏气势的。此外，在空镜头的拍摄方面，由于事先缺乏完整的构思和统一的意图，不能起到借景抒情、景即其人的作用，同时和上下镜头也缺乏有机的联系。看起来，这虽是局部，但对整个作品带来很大的影响。以上所谈的一些不足与失败之处，主要是限于自己的思想水平和艺术修养所致。这些都需要今后在创作中进行更深一步的探索、认识和提高。

（原载于1963年出版的《〈聂耳〉从剧本到影片》）

五、精心创作为人民——怀念电影艺术家郑君里同志

◎ 黄绍芬

　　君里离开我们虽然有十年了，但君里的为人，他那平易近人的作风和对待艺术创作认真负责的态度，却是我永不能忘怀的。我与君里早在20年代就认识，共事四十余年，合作过十余部电影。从他在30年代当话剧演员到后来做电影导演，几十年来，始终孜孜不倦地钻研业务，博览群书，有深厚的文学艺术修养和较厚实的生活基础。

　　君里导演的影片，主题都能得到较好的艺术体现，这和他创作构思完整、严密，导演处理一丝不苟的精神是分不开的。每当他接触到剧本后，从导演阐述到分镜头剧本，到每一个镜头的拍摄，他总是要周密地考虑和设想。对影片要拍摄的情景，他总是事先做一个缩影，设计了小布景、地盘模型，精心设计，精心创作。导演的案头工作做得越精心，影片拍摄的功效和艺术质量也就越高。和君里共事的同志还知道，他的导演工作并不局限于案头准备和现场拍摄，他对影片样片的调子、摄影、采光等各个部分都全面关心，每个镜头的画面他都要仔细看过，努力做到将时代的特点融汇于场景之中。他常常说，影片的质量是由每一处点滴的严格要求积累所得，要注意每一个镜头的质量。如《枯木逢春》开始的几个镜头，就设计了几只乌鸦孑立枝头，这就把当时国民党反动统治时期民不聊生的时代背景以及冬哥一家流离失所的悲凉气氛交代了出来。君里还努力在艺术实践中掌握和运用革命现实主义与革命浪漫主义相结合的创作方法。如《聂耳》里，聂耳寄居于阁楼，在四周黑暗、充满白色恐怖的气氛里创作《义勇军进行曲》，君里就在画面上设

计了一束红光，象征着革命的火焰在燃烧。君里在处理不同题材、样式、风格的影片方面也很具有创新精神。《林则徐》以泼墨山水画的笔触，描绘鸦片战争和民族英雄林则徐爱国精神的壮美画卷；而《聂耳》却以绚丽多彩的油画风格，描绘风云儿女战斗的气象；《枯木逢春》以明暗对比的手法，绘制了江南水乡清新的、生机盎然的生活图画。他依据不同的题材、样式、风格做不同的艺术设想和处理，也不是凭空而来的。记得，当我们接受了《枯木逢春》的摄制任务，去青浦任屯村体验生活时，他访问了许多战斗在血防战线上的工作人员，了解血吸虫病患者丧失劳动力之后的痛苦。他反复吟诵毛主席《送瘟神》这一光辉的诗篇，他研究江南水乡的特点，研究江南建筑的特点，以及人民的喜爱。他善于向自己也向摄制组的合作者提出难题，并以此与合作者交换意见与设想。为使得导演的设想与摄影、美工、演员设想的统一完整，他总是费尽心思。《枯木逢春》血防站有一场冬哥与苦妹子别离后重逢的戏，偶然的相会，给双方带来了内心复杂的变化，如果只靠演员的表演，完成这种瞬间的感情变化是有困难的。这时，君里利用江南庭园建筑的格子窗、圆拱门、回廊，以及翠竹浮动的明暗光影，表现这一对青年时隐时现、时明时暗的内心世界的变化，情景交融，收到较好的艺术效果。当冬哥苦妹子相识之后，冬哥拉她去找妈妈，走过江南水乡富有特点的双桥、池塘、小溪、柳林，并配有江浙人民喜爱的评弹曲调，确实有声有色。

君里非常重视导演的艺术构思。导演艺术构思的新颖、独特，对未来的影片完成，以及推动摄制组工作，起着很大的作用。他常说，即使是有了完整的设想，这中间还要经过反复推敲，使之精益求精。林则徐与邓廷桢在江岸告别一场，他曾做过几次修改。仅就这场戏而言，他温习着有关告别的古典诗歌。他把李白的《黄鹤楼送孟浩然之广陵》、王之涣《登鹳雀楼》这些诗中的"孤帆远影碧空尽，唯见长江天际流""欲穷千里目，更上一层楼"的境界，恰到好处地运用到电影里去。在艺术构思中，即使对较为成熟的场面，他也还要不断推敲，以达到精益求精的地步。君里在影片的艺术构思方面，是花了大量心血与艰苦劳动的。

当然，君里在艺术上取得的成就，是和他个人刻苦学习分不开的。我知道拍摄《林则徐》的时候，他努力学习马列著作和毛主席著作，掌握、运用历史唯物主义的观点，研究这一时期的民族矛盾与阶级矛盾。同时，他翻遍鸦片战争时期的历史材料，从电影艺术角度来看，林则徐的形象资料，包括人物性格、生活细节的记载很少，要在浩如烟海的材料里，从笔记、小说中找出这类材料，要付出多么艰苦的劳动！就是反映当代生活的题材，也不是那么轻松。《枯木逢春》是一部现代农村题材的影片，为了更好地反映血防战线的斗争，他探索新的表现手法，研究古今中外名画，研究宋张择端的《清明上河图》，从画卷中找出古典绘画中的视觉规律，并从电影艺术的角度给予认识和阐述。的确，在探索艺术的民族化方面，涉及了民族的绘画、古典诗歌、民间艺术等多方面，对此，君里曾做了大量的札记、笔记和学习心得，写了大量的艺术总结和理论著作。他的艺术造诣是很高的，我常常看到他，不论是有任务或是没有任务，他窗前灯光总是深夜不息，他患有高血压病，也并没有因此而放松学习。

作为一个著名的电影艺术家，君里留给我们的东西是很多的。我们今天怀念君里，就要很好地向他学习，以他为榜样，以有生之年为人民的电影事业做出新的贡献。

（原载于 1978 年 9 月 6 日《解放日报》）

六、谈电影摄影艺术中的几个问题

◎ 黄绍芬

在党中央的关怀下，电影艺术的春天又回来了。最近，我重温了敬爱的周总理 1961 年《在文艺工作座谈会和故事片创作会议上的讲话》，备受教育，深受鼓舞。为了提高影片的艺术质量，促进电影创作的繁荣，这里，我尽记忆所及，对过去参加若干影片的摄影工作做一些回顾。其中有成功的欢欣，也有失败的苦恼。借此机会，做一个小结，作为自己今后工作和学习上的借鉴，并供同志们参考。

创作与激情

摄影是一部影片造型艺术的体现者，就是把导演的艺术构思、场面调度，演员的表演，美工师的布景等，通过光影、色彩组成不同内容的有连续性的画面，融合到电影胶片上去，使文学语言化为具体的视觉形象。这就是摄影艺术创作的任务。

但是，能否较好地完成这个任务，除了摄影工作本身的许多艺术和技术条件以外，重要的一点，还有赖于电影文学剧本提供的创作基础，即能否激发起摄影和其他艺术部门的创作激情。

电影文学剧本的重要性人所共知，好的剧本首先就为摄影创作奠定了良好的思想艺术基础。因此，摄影和其他艺术部门一样，要从深入研究、分析文学剧本入手。

读文学剧本应该非常珍惜第一印象，这是在摄影创作上最新、最敏感的认识。当我读剧本的时候，并不是先去考虑摄影创作上的一些问题，而是首先抓住第一印象。一个好的文学剧本，总是人物形象鲜明，语言生动活泼，环境气氛真实，具有浓厚的生活气息。这样的剧本便能自然而然地吸引你，打动你，使你产生共鸣，从而激发起创作激情。在艺术创作中，这种激情是最宝贵的，它犹如一把打开艺术创作宫殿大门的钥匙，为你提供丰富的想象。而第二步才考虑如何运用摄影形象的语言来体现剧本表达的内容，塑造人物，按照视觉形象的思维规律去创造典型化，决定影片的风格样式、摄影基调、镜头画面、光影、色彩等。

50年代末60年代初，我参加拍摄了《林则徐》《聂耳》《枯木逢春》等影片，这些影片之所以在艺术上取得了一些成绩，首先是剧本提供了较好的基础，使你产生强烈的创作冲动和激情。

1959年春，我接受了影片《聂耳》的拍摄任务。当我读到这个剧本时，立即被它深深地吸引住了，充满了喜悦和激动。一方面因为剧本成功：它艺术地再现了这位无产阶级音乐先驱的成长道路和战斗历程，塑造了一个光彩夺目的无产阶级音乐家的生动形象；另一方面因为我对剧本的主人公怀有一种特殊的感情。

我和聂耳是同时代的人，30年代我们曾在一起生活和工作过。记得在联华电影公司一起拍摄影片《母性之光》的时候，我们朝夕相处，他那严肃认真的工作态度、勤奋刻苦的学习精神、热情诚恳的思想作风、充满朝气的青春活力，给我留下难以忘怀的印象。通过对聂耳革命活动更深入的了解，对他作品的全面欣赏和分析，我更加深了对聂耳崇敬的感情。当我读到形象丰富饱满、充满战斗激情的文学剧本时，聂耳战斗的一生便浮现在我脑海中，那高昂激扬的旋律在耳畔回荡。这时，我感到巨大的创作激情在心中奔腾，只有一个意念，就是学习聂耳，一定要把聂耳这一形象在银幕上树立起来。

一部影片摄影活动的重点是在拍摄阶段。

要把开始涌现出来的创作激情倾注到具体的创作实践中去，摄影不仅要有整体的艺术构思和设想，也要有分场的设计。在拍摄现场，也不能排除即兴式的创作，它和表演艺术一样，也带有相当的即兴成分。演员必须根据场景前后次序的转换变化，在创作的记忆中保持动作的连接、情绪的一致和节奏的流畅。摄影创作也要让一场戏的气氛、光线、色彩随着一个个镜头的变换，不断地进行布置和调整。由于在拍摄现场往往会产生触景生情、借景抒怀、以景寓意的情况，不断丰富和发展原来的创作构思和设想。在这种情况下，既不能排斥即兴式创作，又要注意保持原来总体创作构思的完整性，使之互相补充，相得益彰。

基调与变调

摄影在接受文学剧本之后，如何进行艺术创作呢？在创作中应抓住哪些主要的东西呢？我以为，作为一个摄影师，在充分研究、分析剧本，进行创作设计时，首先要确定影片的摄影基调，即根据剧本的思想内容决定艺术表现形式，运用光影、色彩、气氛造成总的色调。这种基调应该反映出影片所表现的时代的本质与特征，这是完成银幕画面艺术造型的基本课题。

摄影基调的确定有一个重要的前提，就是必须要有憎爱分明的思想感情，即对剧本主题思想的认识，对剧本所反映的那个时代特征的把握。此外，要从剧本的思想内容出发，从人物内在的性格和思想活动出发，根据典型环境中的典型人物确立未来影片的摄影基调，然后，再进行具体分场设计。这样，镜头画面既具有贯穿始终的统一，也具有每个不同场景的变化，这也就是基调与变调之间的辩证关系。就像一幅好的美术作品，既有总的色调气氛，又有色彩斑斓的局部，主次分明，虚实相宜。基调不准确，摄影的艺术创作往往会显得苍白无力，缺乏神采。

在拍摄影片《聂耳》时，我从表现聂耳的成长与发展来展示时代的风云。聂耳从一个热忱的爱国青年，经过革命的实践和考验，终于成为一名无产阶级的革命战士。他自觉地以音乐为武器，号召人民，鼓舞人民，打击敌人，唱出了时代的最强音，成为时代的伟大歌手——中国无产阶级革命音乐的奠基者之一。时代的特征在他身上得到强烈的反映。因此，摄影基调的确立必须根据聂耳战斗的一生和时代的关系来考虑，也只有这样，时代赋予聂耳的精神品质才能在银幕上得到充分的体现。

最初构思时，我认为聂耳所处的年代尚属旧中国黑暗岁月，斗争艰巨，"白色恐怖"严重。从当时的生活环境着想，我初步酝酿影片的基调昏暗、沉闷。后来，摄制组同志在讨论、分析剧本时，普遍认为聂耳所处的年代虽然处于旧中国的黑暗统治下，但在中国共产党领导下，我国人民正在兴起一场轰轰烈烈的反帝反封建民族民主革命运动。战斗的年代、英雄的儿女、火热的青春，这才是当时的时代精神。在同志们的启发下，我改变了原来的设计方案，而确定借助色彩的运用，以刚健有力、对比鲜明作为影片的摄影基调，从而使摄影创作的设想与剧本主题、人物形象更为吻合，保持了影片风格样式上的统一。

试以上海外滩与聂耳住处屋顶这场戏为例。聂耳在 1930 年夏到上海，当时的上海已沦为半殖民地半封建社会，笼罩着白色恐怖。初来的聂耳，睁着一双明澈的眼睛，探望着眼前黄浦滩头的高楼大厦，好奇而惊讶地发怔，忘了挪步……我在摄影的处理上，给予明朗活泼的调子，表现聂耳初到上海时新奇的心情。随着镜头的移动，介绍了上海的环境，然后出现屋顶晒台上的小阁楼，晨曦涂染在迷蒙的晓雾上，聂耳从小天窗口探出半截身子，环顾一下这初醒的城市，呼吸着新鲜空气，舒展身子做早操。这时，楼下传来薛老板的呼唤声，他闻声急忙缩回身子。阁楼很狭小，除了一道投射的光线，还充满袅袅浮起的炊烟。演员的表演是风趣、活泼、乐观的，暗示这个笼子关不住一个朝气勃勃的青年人。

最初，我单纯地从政治和生活环境着眼，把这场戏的气氛处理成沉重而忧郁的。如果是这样，那就会背离人物的精神实质和导演的意图，也难与演员的表演风格取得统一。

聂耳创作《毕业歌》这场戏，文学剧本是这样描写的：聂耳住的亭子间里，一椅一桌一床，几样我们熟悉的乐器。聂耳全神贯注地在作曲……乐谱上，音符飞快地在他笔下出现，标题是"毕业歌"，副标题是"《桃李劫》插曲"。《毕业歌》的音乐过门隐隐地出现……

根据人物的动作和情绪，这时的聂耳已在政治上、音乐创作上趋向成熟。如按文学剧本的要求处理，易于一般化。为了塑造好聂耳的形象，表现他在创作《毕业歌》时澎湃的激情，我在场景上做了改变。这场戏没有用布景，只在后景上用一块纱幕，然后设计了一道粗犷有力的强光，赋予暖和的色调，投射在纱幕上，以此造成强烈的光影效果，与激昂的歌声互相陪衬。同时，运用三个特写镜头、一个全景来表现人物热烈豪放的情绪，有力地展示了那个时代革命青年的战斗风貌。

摄影创作，必须从生活出发，从人物出发，但并不等于拘泥生活自然的真实。相反地要紧密结合人物形象的塑造，充分调动一切艺术手段。根据规定情景，在许多场景设计中，我采用了夸张手法。如在聂耳投考音乐学校、群众包围上海市伪政府等场景中，我都运用了几道强烈的光柱来渲染气氛，或是通过光影反差变化，色彩对比与夸张的变化，试图以此来表现聂耳刚强的性格，以及革命运动的高涨对黑暗的旧社会的冲击。如果拘泥于自然，要追究光线的来源、合理性，是无法说清楚的。但是，夸张的艺术处理只要建立在人物处于特定情景中的内心活动这一基础上，它并不会破坏生活的真实感，而是比生活更为强烈，和影片的基调也是和谐的，风格上也是统一的。

在拍摄《聂耳》的艺术实践中，有许多方面，我是在进行探索和尝试，有些达到了设想，也有许多不足和失败的地方。在摄影基调确定以后，并不能机械地理解和运用，还要根据场景的转换和人物的情绪变化，采取必要的变调处理，在统一中求变化，在变化中取得统一，否则会形成"为明朗而明朗""为对比而对比"，从而破坏规定的情景气氛，有损于影片总的基调和风格的统一。如聂耳为了创作《扬子江暴风雨》，由海员老江陪伴着到码头上去体验生活，画面上出现的是搬运工人扛着沉重的货物下船并发出沉重的"哎唷、哎唷"的呼声。按照规定情景，应当是阴霾、压抑、沉重的气氛，以烘托码头工人深受剥削压迫的苦难命运。但现在的镜头画面显得空旷、疏朗，这就有损于生活的真实和影片的基调处理。

还有在小红试唱《铁蹄下的歌女》这场戏的处理：江面上，歌舞班乘船逆水行舟，聂耳坐在木船的货箱上修改乐谱，小红试唱，歌声凄怆悲愤，道出了被压迫被侮辱歌女的心声。照理，摄影在色调处理上要造成黯淡、清冷的气氛，以进行烘托渲染，而现在的背景上，却是云淡风轻，片片渔舟，这和规定的情景很不协调，没有意境。如果补上些乌云或是蒙蒙细雨，远空中再露出一丝微光，气氛也许会更好些，真实感会更强些。

虽然这是局部，但对整个影片基调的统一造成了不良的影响，违背了预想的艺术效果。

此外，我再谈一下黑白片《枯木逢春》的摄影基调处理。根据《枯木逢春》的主题和人物关系，影片的摄影基调应是对比鲜明、质朴秀丽，但是如果没有具体场景的色调处理，也就难以把江南水乡秀丽的特色和人物性格特征及其相互关系表现出来。因此，我们在整个场景上概括了七个字做比喻：在外景处理上抓住"山""水""田"的变化，在内景处理上抓住"苦""工""农""医"的变化，有机地融合在一起。这样，根据剧本的总体结构，既有总的摄影基调，又随着剧情的变化发展做了不同的处理。

总之，摄影的基调是根据影片的思想内容、人物形象、风格样式决定的。摄影的艺术创作构思，应着重体现影片的基调，但也决不能把基调理解得太狭隘，否则会造成千篇一律的"单调"。从总的基调出发，根据场景变化的需要，调动摄影的一切艺术造型手段，采取不同的变调处理，从变化中求得统一，这是提高摄影艺术质量的重要环节。

对比与夸张

现在我们拍摄的影片，彩色片占多数。对于彩色片的摄影有许多课题，需要我们认真地进行探讨和研究。

自然界里呈现着各种不同的色彩，如何把五彩缤纷的颜色反映到银幕上，这就要靠摄影的艺术加工。对于彩色片的处理，总的来说，还是要服从影片总的基调，否则，会造成色彩的紊乱、失真，以至于破坏影片基调的统一。如果色彩的对比、夸张运用恰当，就更能突出人物、推动剧情发展，就会比黑白片更富有表现力。一部彩色片，每个场景、画面的配角是很重要的，要努力做到真实、统一、流畅。

无论是拍摄黑白片还是彩色片，都必须要有真实感，艺术才有生命力。在这方面，彩色片的处理更要严格、准确，既要反对脱离生活真实单纯追求绚丽的颜色，也要防止照搬自然。艺术创作需要以生活的真实性为依据，进行大胆想象、提炼、概括，以达到艺术的真实。

彩色片的拍摄比黑白片要求更高，拿曝光来说，如有误差就会直接影响色彩的真实性。彩色片首先要做到准确反映物体的本色，但这远不能达到艺术创作的要求。色彩要烘托、渲染环境气氛，才具有艺术的魅力，它是为影片的内容服务的。

摄影师除了要对剧本主题、人物、场景非常熟悉之外，还必须理解导演、美工、照明、化妆、服装等部门的创作意图，并提出摄影在色彩上的要求，包括特殊要求（如对人物肤色的要求），并把拍摄底片对某种色彩的敏感性、还原程度等告诉其他艺术部门，以发挥底片性能的长处，避免其短处。摄影师应当认真做好彩色片拍摄前的各项生产试验准备，熟悉掌握所使用的彩色底片的性能，配合洗印，达到色彩上应有的技术效果。这虽然是一些常识性的问题，但其中任何微小的疏忽都会给影片造成质量上难以弥补的损失。

这里，我想重点谈一下和曹威业同志一起拍摄的彩色故事片《林则徐》的色彩处理。

《林则徐》是一部大型历史传记片，反映的是中国人民所熟悉的鸦片战争历史事件，通过对林则徐奉旨到广州禁烟和被削职发配伊犁这一段历史的描写，记载了中国人民反抗外来侵略可歌可泣的壮丽一幕。

用彩色片拍摄这样一部历史题材的影片，当时对我们来说是一个新的课题，必须做一些新的尝试。应该说，这部戏的布景、化妆、服装、道具等都为摄影的艺术造型提供了丰富的色彩。如何把各种造型元素统一在一个整体中，那就需要摄影在艺术实践中进行概括、提炼、集中。我们采用了比较粗犷豪放的笔触，以简练的手法，激化矛盾，突出人物，赋予全片以浓重、浑厚的具有民族风格的色调。

一部彩色片应有它的基本色调和主调，根据影片不同的内容和风格，也应有不同的色彩基调。它对于环境气氛的渲染，构成一定的意境，烘托影片的主题，有着不可忽视的作用。

林则徐书房这场戏的处理，是全片中导演、摄影、美工结合得较好的一例，摄影在色彩的基调运用上也较理想，背景和人物取得了和谐统一。

林则徐忙了整整一天一晚，第二天还要和英国驻广州总领事、鸦片贩子头目义律打交道。他先研究有关洋务活动的文献资料，然后脱下鞋子，手中端着油灯，一手拿了放大镜，蹲在桌边方砖地上，慢慢地向前移动看着地图，直到第二天清晨，一缕晨光透过窗上的五彩嵌花玻璃投到他身上。由于我们在窗子内外放了少量的白烟，使射进窗格的光形成一条条的光柱，显示出了早晨的气氛。林则徐漫步走进花厅，依次推开全部门窗，室内的光亮度逐渐增加，造成了阳光射进来的感觉。这场戏的时间是从晚上到早晨，在摄影处理上，我们加强了油灯的亮度，采取较为暖和的色调，有意识地提高整个场景的光亮度，造成室内清洁、明快的气氛。这时朝阳迎面、生机盎然的气氛，表现出林则徐坚定昂扬的心情，烘托了人物豪迈的风度。

义律室内这场戏的时间和林则徐书房一样，也是从晚上到早晨，但在摄影处理上，根据人物性格和剧情的不同，我们有意识地压低日景气氛，造成夜景气氛的感觉，和林则徐书房构成鲜明的对比，取得了较为满意的效果。

义律头发蓬乱地伏在写字台上写信，他那猛鹫似的眼睛里闪着自得的光，看了看壁上挂的中国地图，把打开中国大门、征服中国的阴谋计划写信给外交大臣巴麦尊。虽然已是早晨，但房门仍紧紧地锁着，窗帘还没有拉开，桌上几根残烛还吐着苍白的火舌。为了刻画这个人物的阴险、毒辣，我们在摄影气氛上处理得阴沉浑浊。为了增加空气中浑浊的感觉，以及早晨阳光从窗帘的夹缝中射进室内的真实感，我们在后景加一层纱幕，在纱幕上打了两条光，造成室内乌烟瘴气的气氛。但在另一边挂中国地图的墙壁上也直接打上了条光，虽没有利用纱幕（因画面没有全景），也没有造成不协调的感觉。

在人物的处理上，用一只比较高的灯照在演员的正面，作为阴暗部，使演员脸上的凹凸显著些；一只小的聚光灯照在演员的下颚，作为蜡烛效果光；再用一束蓝紫色光从左侧打在人物的脸上，呈现一种青灰色，来勾画人物的阴险心理。整个场景的明亮度压低了三分之一，使阴暗部分的面积较大。总的来说，这场戏的人物和背景是协调的，不足的是，条光打在纱幕上的线条稍硬，如果再柔和一些，会显得更真实。

义律室内的布景颜色是青灰色，为突出人物提供了较好的色彩基础，因此背景的色彩往往会构成一个场景的基本色调。一般来说，背景的色调不宜过于繁杂，要注意保持颜色的纯度。

从完成的影片来看，基本上接近最初的设想，然而也存在不少败笔，乾清宫一景即为一例。乾清宫道光皇帝旻宁召见军机大臣穆彰阿及林则徐应召上殿这场戏，是影片开始，同时也是拍摄的第一堂景。原想把乾清宫这堂景处理得既富丽又空洞，以此来表现封建帝王的奢侈豪华及昏庸无能，并造成一种森严的气氛。由于过分追求炫目的色彩，从银幕效果来看，布景的色彩过于鲜艳夺目，朱红柱子、画栋雕梁、御座龙屏掩盖了主题色调和人物活动，结果未免顾此失彼，喧宾夺主，与整部影片的基调未能统一。造成这一败笔的原因是经验不足，事前对布景的设计图没有充分仔细地研究，提出摄影方面的要求，以至于红色调占的比重太多。同时对该彩色底片红、蓝色彩的过敏性认识不足，为了照顾布景上层横梁颜色能够真实还原，加强了光亮度，这样就使原来设想的富丽、空洞、森严的气氛被冲淡了，造成和影片中的色调难以统一。另外，这场戏的底片冲洗格码偏高，也影响了色差，使色调显得生硬、刺目，虽经配光、冲洗调整，仍然无法完全弥补。

此外，广州天字码头、接官亭前后两场戏的色彩气氛也不够统一。开始，林则徐作为钦差大臣奉旨来广州查禁鸦片，他头戴鲜红珊瑚顶子的红缨帽，身穿金光耀眼的黄马褂，一双黑油油的眸子光芒四射，文武百官沿着码头台阶躬身肃立。这场戏采用了较为明朗的色调来显示林则徐作为钦差大臣的风度。临末，琦善作为钦差大臣来到广州接替林则徐的职位，虽是同一地点，在导演的艺术构思上前后是呼应的，但在摄影处理上却没有根据场景和人物改变气氛，而是平均对待，所以未能进一步揭示林则徐的内在心理。

从义律室和乾清宫这两堂布景的色调来看，原色的色调不宜在画面上多用或大面积使用，因为原色本身是比较单纯的，处理不妥，就显得生硬、夺目、单调。相反，如果原色保持色彩上的纯度，通过彩色光的渲染，可以取得较好的艺术效果。复色或补色的色调，容易处理得好，但彩色光运用不当，往往会使背景色彩产生花和脏的感觉。因布景色调和人物服饰已提供了很丰富的色彩，所以要注意彩色光对布景和人物起着色相上的变化。

光是摄影艺术造型的主要表现手段。彩色光的运用是彩色影片特有的摄影语言，摄影师掌握彩色光如同美术家掌握调色板一样重要。黑白片是用白光照明，彩色片经常采用混合光（白光和彩色光）照明。白光照明是以被拍摄的人物、背景原有的色彩为基础，使他保持原来的色彩，达到色彩的真实还原，要做到这一点，必须配合洗印，才能达到好的质量。彩色光则是根据剧情需要，制造特定的气氛和效果，衬托人物和背景，同时也用来调整色彩的相互关系。

摄影要善于发挥色彩的对比与夸张作用，使主题更突出，人物形象更鲜明。没有对比，色彩就显得单调；没有夸张，也就缺乏艺术感染力。

我在影片《聂耳》中，多次做了这样的尝试。聂耳和郑雷电在龙华塔告别这场戏，根据规定情景，摄影必须给予抒情的色彩。郑雷电穿了一身红衣服，戴了一项红帽子，披了红纱巾，呈现在翠绿的大地上，构成了色彩上强烈对比的艺术效果，通过色彩的对比，衬托了人物的思想境界。

"后台化妆室"这场戏，聂耳演出歌剧《扬子江暴风雨》后，心情十分愉快，和苏平相见，又得知组织上已批准他参加中国共产党，心情更为激动。在这里，演员没有大的动作，拍摄时我采用了橘黄色的光来强调这种内心喜悦，色调从淡到浓，光亮度也逐渐增强，有节奏地衬托出聂耳严肃、喜悦的心情。

聂耳创作《义勇军进行曲》这场戏是影片的高潮，经过反复琢磨，我决定在光影和色彩上予以最大的夸张、强调。如果没有强烈的光影、色彩，势必造成摄影处理和人物感情、音乐节奏不协调，就会削弱这场戏在全片中的分量和艺术上的感染力。我以红光进行处理，着重突出聂耳的激情。开始的气氛是宁静的，小阁楼上光线暗淡，灰蒙蒙的冷色调造成黑暗、沉闷的气氛，随着悲壮的音乐节奏，一根火柴的磷光划破了黑暗，聂耳点燃了桌上的蜡烛，烛光如火，映红了聂耳激动而愤怒的脸，这是聂耳生命中光辉灿烂的时刻。随着雄壮激昂的《义勇军进行曲》旋律，画面上出现一组组人民革命风起云涌、前赴后继的壮丽场面。这样的处理是采取了色彩对比和夸张的手法，富有革命的浪漫主义色彩。

画面与节奏

电影画面也可以称为摄影的镜头画面。

摄影的镜头画面应该是带有绘画性的、富有意境的。它和绘画、建筑一样，要遵循造型艺术构图中的一些普遍规律，如统一、变化、对比、均衡、对称等。我国古代绘画艺术在构图上很讲究宾主、虚实、藏露、简繁、疏密……这些宝贵的经验，值得我们摄影创作很好地学习与借鉴。

摄影在熟悉内容、情节、人物的基础上，掌握画面构图的法则，充分发挥电影艺术的特性，决定镜头的拍摄角度和镜头运动的速度，这样，就容易收到较好的艺术效果。

在《枯木逢春》中，我学习了民族绘画和戏曲表演的艺术手法，在探索摄影的民族化方面做了一些尝试。影片开始的"序幕"是在内景拍摄的，我抓住一个"苦"字，描写方家的深重苦难。为了造成乌云压顶、使人窒息压抑的阴沉气氛，我采用低角度、广角镜头拍摄，再通过镜头的横移，展现荒冢累累、乌鸦孑立、死水枯枝、断墙颓垣、野草丛生等景物形象，结合人造烟雾在远空中透露一丝微光，表现了一个人间地狱的凄凉景象。随着剧情的变化，我采用鲜明立体的光线、明朗的色调，运用镜头升降横移的变化，展现了一片锦绣江南水乡的风光。翠绿的杨柳，盛开的桃花，牧笛悠扬，波光粼粼，绿水青山环抱着金色的稻田等一组画面，体现"春风杨柳万千条，六亿神州尽舜尧"的意境。这种场景的急剧变换，造成新旧社会截然不同的强烈对比效果。

在"毛主席来了"这场戏中，我采取以虚代实，以一当十的表现手法。通过"万户开窗""奔走相告"来渲染气氛，造成强烈、激昂、奔放的情绪。为此，我拍了11个画面构图不同的家家户户开门开窗遥望的镜头，表达了广大人民群众对领袖热爱的喜悦心情。当苦妹子和群众站在村口桥头仰望县委大楼的灯光时，为了突出她想念毛主席、热爱毛主席的感情，我拍了12个同地位但画面构图均不相同的镜头，在节奏上也予以强调，镜头画面也予以突出，由全景跳到中景，由近景跳到特写，最后我给苦妹子一对眼睛以大特写，揭示主人公此时此刻对人民领袖的爱戴与深情。

对方冬哥和苦妹子在血防站"重逢"这场戏，我根据人物心理活动的变化，采取了比较细腻的表现手法来处理。在这里，光影要柔和、明快、流畅，镜头画面不能平铺直叙，而是波澜起伏地循序渐进。开始镜头介绍两人的距离，造成一定的空间间隔，构成一幅静止的画面；接着镜头缓缓移动，通过庭园的漏窗，曲径通幽的回廊，然后掠过镜头前面闪动的花枝树叶，变成两人的中景，方冬哥在明处，苦妹子在暗处，再用一些树枝的光影倾泻在苦妹子身上，来衬托人物的心情，尽力造成一种忽隐忽现、若即若离的气氛，构成特定的戏剧效果。

剧情继续发展，苦妹子终于被方冬哥拉去一起见方妈妈。随着抒情悠扬的歌声，出现了一组长堤、石桥、鱼塘、稻田、柳林、溪流的画面，借此充分抒发别离十年一朝重逢的欢欣喜悦的情绪，进一步展现了江南水乡的秀丽景色，达到了一定的借景抒情、以情动人的设计意图。

接下去，苦妹子见到了分别十年的方妈妈。当方妈妈得知苦妹子患了血吸虫病后，心情骤然产生变化，苦妹子急忙奔出方家，向血防站跑去求医，又重复出现刚才来方家的一组画面。但根据人物情绪的变化，我们使画面的节奏加快，给观众造成了完全不同的感觉。总之，镜头画面结合规定情景中的人物心理活动，掌握镜头节奏变化，就能取得较为理想的艺术效果。

在一般情况下，这种外在的画面节奏感还是不难达到的，我在艺术实践中，感到较难追求的一种艺术境界，就是根据剧情，结合演员表演，捕捉人物性格的内在节奏。在影片《林则徐》林家的一场戏中，我根据导演的构思，运用了五个镜头来表现林则徐被削职后的抑郁和悲愤。先是三个特写：一只高脚香炉，一炷安息香，轻烟袅袅直上；接着一卷《离骚经》跌落在方砖地上；继而一碗稀饭、两碟小菜，一双未用过的乌木筷搁在碗上。镜头缓慢地拉出，林则徐一动不动地躺在椅子上。这是一组静止的镜头画面，虽然没有任何声音，但摄影画面产生了形象的语言、渲染了气氛、衬托了人物，构成了"此时无声胜有声"的意境，使观众产生丰富的联想和感情上的共鸣。

通常，特写或大特写可以非常细致地刻画人物的思想感情，但是，有时运用远景或大远景，通过演员的形体动作来描写人物内心活动，也是有效的艺术表现手段。影片《林则徐》江边送别邓廷桢一场戏，先是两人在船舱内赠言惜别，饮酒相送，然后接连拍摄了一个远景、三个大远景：

远景——蜿蜒登山的城垣有百级台阶，天梯似的直上崖顶，俯瞰着大江。林则徐沿着台阶，一口气往上奔、奔……

大远景——山上是古堡、白云、秋风，天显得特别宽阔。林则徐的渺小身影沿着山脊往上奔、奔，他到古堡旁停步，眺望江上……

大远景——江上是黄沙、逝水、白帆离远……

大远景——林则徐遥远的身影又往上奔、奔……奔上更高的山巅……

（来源：《林则徐》镜头本 406—409 号）

为了表现林则徐送别好友难舍难分的复杂心情，以景托人，借景写情，我在摄影画面的比例关系上做了尝试。林则徐与邓廷桢分别后，我做了这样的构图画面处理：高，结合离去的木船；远，构成天高人远的意境；通过林则徐在山峦上活动的渺小身影，伴随人物送别的心情，加快了节奏；通过高低、大小、远近的描写，在镜头画面上产生无限的空间感，渲染了惜别的忧伤情绪。

总之，摄影不能纯客观地表现人和景，也不能"为画面而画面""为节奏而节奏"，而是要根据剧本的规定情景和导演的艺术构思，为努力刻画主要人物形象服务。无论是拍一个人物的中景或全景，还是一个空镜头画面，除了考虑镜头承上启下的衔接关系外（包括镜头画面的方向性），根本的一点，要服从内容的需要，有机而准确地掌握人物和景的内在联系，同时保持节奏的流畅，使观众看了感到自然、真实、合乎情理，这样就可以说基本上达到了镜头画面的要求。

在有关摄影艺术和技术问题之外，我还想谈一点关于摄影创作与整个影片创作质量密切相关的问题，即创作者之间的合作关系。电影是综合艺术，一部影片的诞生是各个部门集体劳动共同协作的结晶，导演、美工、照明是摄影的密切战友。因此，合作者之间必须在导演的艺术构思之下，统一创作意图，这也就是我们常说的艺术创作上的共同语言。在艺术创作实践中，非常重要的一点，就是创作者之间必须相互了解、相互尊重、相互支持，并在创作过程中不断地、充分地交流，相互领会创作意图，不断启发艺术上的想象力，相互补充丰富创作构思以及艺术上的表现手法，努力达到内容和形式的完美统一。

导演是一部影片艺术上的组织者和领导者，他的艺术构思和要求对于摄影的创作起很大作用。导演在艺术构思中应充分考虑摄影部门的创作，给予充分发挥的广阔天地，而在具体探索实践中又需要导演的热情支持，这是一条很重要的经验。

我和导演郑君里同志、美工师韩尚义同志在长期的艺术创作实践中建立了深厚的友谊。1958年起，我们合作了《林则徐》《聂耳》《枯木逢春》三部影片。作为摄影，在这三部影片中有所探索、有所收获与进步，这与他们以及其他同志的帮助、启发、支持是分不开的。

在"四害"横行的日子里，我们电影摄影工作者，长期处在与世隔绝的状态中，思想禁锢，视野狭小，艺术表现手法陈旧。近年来，虽然也拍摄了一些影片，但题材内容和艺术表现手法都远远落后于新形势的要求。

当前，在摄影工作方面较为突出的问题是摄影的艺术质量不高，拍摄周期太长。如何改变这种状况呢？根本的途径就是加强学习与实践。我们除了探讨电影摄影的特点，掌握电影摄影的艺术规律和技术性能外，还要向一切姐妹艺术学习，汲取必要的营养。同时我们要学习世界各国优秀的电影艺术和技术，以供我们创作上借鉴。除了发挥现有的技术设备之外，也要引进一些新的技术设备。

俗话说"拳不离手，曲不离口"。提高摄影创作水平的最根本方法就是更多地进行创作实践，只有通过长期的艺术实践，才能达到艺术创作上较高的境界。

（原载于1979年第3期《电影艺术》）

七、黄宗霑的名言

◎ 黄绍芬

黄宗霑先生有两句名言：没有工作，生命就没有意义；解决难题是最大的乐趣。因此，对他来说，每部影片都是一次新的挑战，而他就特别喜爱挑战。

他从影几十年，在摄影艺术上刻苦钻研，一丝不苟，坚持自己的摄影创作方法。创作构思不断探新，布光、构图，人物的塑造十分讲究，形成了追求环境真实，揭示人物内心真实可信的"黄宗霑风格"。1944年他的代表作《灵与肉》中拳赛一场戏的拍摄，他别出心裁，自己拿着手提摄影机仰身躺在一块装有四只滑冰滚鞋的平板上，由别人推着，仰跟拍摄中景、近景和特写镜头。导演则在这场戏中完全让拳击行家黄宗霑来做镜头处理。后来，影片公映时，广大观众无不惊叹那扣人心弦的精彩的拳赛镜头。影评界也赞扬黄宗霑对拳赛这场戏的摄影处理是电影界空前的杰作。

黄宗霑先生不仅是一位才华卓著的摄影名家，而且对故土的电影事业非常关心，还是一位良师益友。我就受过他的指点帮助。那是1929年，我第一次担任摄影师，拍摄《故都春梦》。那时我很年轻，才十八岁，精力很充沛，自己又拍又洗。一天，我正在当时民新影片公司的洗印房里冲洗胶片，黄先生来到了暗房中，他对着暗淡的白灯，仔细地察看我刚洗出来的胶片。起先，他以为我是暗房工作人员，后来得知我也是搞摄影的，他很高兴。一边看着胶片，一边对我讲着画面构图上的问题，使我受益匪浅。后来，黄先生去龙华拍塔，我去现场看他工作。只见他从一只箱子里逐一拿出了好几个镜头来对焦距，直到他觉得画面清晰、优美为止。当时，我们使用的摄影机，都是被称为"独眼龙"的单镜头机器，我们羡慕黄先生的设备，而更为他的一丝不苟的工作态度所感动。在他结束这次回国访问的时候，他把自己那套摄影器材赠送给了上海明星影片公司。

最近举办的黄宗霑生平创作图片展览，不仅展示出黄宗霑热爱生活、热爱艺术，更说明了只有深入地观察生活、刻苦地钻研艺术的人，才能从一般生活现象中艺术地再现出生活的本质。黄宗霑自学成才的艺术道路，是一个值得学习的范例。

（原载于1982年7月6日《新民晚报》）

八、贵在立志

◎ 黄绍芬

问：您是怎样开始电影摄影生涯的？

答：这还得从我踏上影坛说起。1925 年，我年仅 14 岁，迫于生计离开故乡广东中山，托人求情进了上海民新影业公司，拜黎民伟为师，开始了学徒生活。当时，正风行拍摄童星武侠片。我被看中扮演《木兰从军》一片中花木兰的弟弟，初获成功，另外我还在《西厢记》等影片中接连担任儿童角色。本来我也可能成为一个电影演员，但是，我看到当时的银幕充斥着西方武侠片，英、美影片的摄影技巧令人眼花缭乱，国产影片的摄影相形见绌，几无立足之地。我常常暗想：难道听凭外国影片充塞中国的市场吗？难道中国的电影天生就应落后于外国吗？我毅然向公司提出要学摄影技术。经理虽然答应，但只是让我在现场做做杂务。在贫穷落后的旧中国，要想学一门技术，谈何容易！掌握技术的人，是不会轻易地把自己的技术传授给别人的。因为，教会了别人就意味着砸了自己的饭碗。当时，摄影师的机器是不准别人碰的，而我只是做些吃苦费力的工作，如帮照明工推重达一百余斤的炭精灯，晚上还要帮助冲洗片子……每天工作达 16 个小时，一天下来总是干得筋疲力尽。

我憋着一口气，决心要学会摄影。摄影机不能接触，我就悄悄地记下摄影师每次拍摄时，如何摆机位、布光、用多少光圈等。当时的摄影机没有马达，全凭手摇进行拍摄，每秒 16 格，摇时必须均匀、平稳，这正是摄影的基本技术，我一定要掌握它！偶然的机会，我发现放映机上拿掉马达上的皮带，安上一个装片用的摇手柄，可以用来练习摇摄影机的本领。此后，我经常用手摇的方法，充当义务的放映员，有时胳臂摇肿了也不停歇。两三年后，我已掌握手摇摄影机的技术，摇得非常均匀、平稳。经理发现我已有了扎实的基础后，也就同意让我拍一些零碎镜头了。

1929 年，我年仅 18 岁时正式独立拍片，当时我的心情非常激动，心想，能有机会为中国电影争气了！我拍的第一部影片是孙瑜导演的《故都春梦》。担任女主角的阮玲玉虽具有较高的表演造诣，但面容有病遗的缺陷。为了使她在银幕上形象姣好，我苦苦琢磨，反复试验，采用了在镜头前加厚薄不同的细黑纱的拍摄方法，结果获得成功而使电影界的同行惊叹不已。从此，我就开始了电影摄影的生涯。

（原载于 1982 年 8 月 12 日《人民日报》第 8 版）

九、回忆金焰

◎ 黄绍芬

去年岁末，我赴美回沪，惊闻金焰病重住院，即去华东医院探望，他还能喃喃喊得出我的名字。相隔几天，我又随同局、厂领导第二次去探望，他已是弥留之际，两眼呆若无神，说不出话。这位为中国早期电影事业做出重要贡献的电影艺术家，不幸于 1983 年 12 月 27 日与世长辞。金焰的逝世，使我国影坛失去了一位艺术家，我个人也失去了一位共事半个多世纪的老朋友。几天来，夜半梦回，悲恸地想起这位逝去的故旧。虽已是子夜时分，怎么也睡不着，乃披衣而起。案头灯光下，望着已褪色泛黄的与金焰合影的照片，我仿佛又回到了往日。

我和金焰第一次见面是 1927 年刚进民新影片公司。我在由候曜导演、李旦旦主演的影片《木兰从军》中饰演木兰弟弟。当时金焰刚进电影界，在影片《木兰从军》中仅有一个镜头，饰演一个骑马送信的官差。他英俊潇洒，体魄健壮，动作干净利索，加之好学认真，表演非常出色，给我留下了很深的印象。以后，我改学摄影师。在他和阮玲玉第一次合作主演的成名之作《野草闲花》中担任摄影。他那凝重、潇洒的艺术形象，富有魅力的表演终于使他崭露头角，蜚声影坛。广大观众为之倾倒，使他名声大振。继《野草闲花》

之后，我与他多次合作。先后在由他主演的影片《恋爱与义务》《一剪梅》《桃花泣血记》《三个摩登女性》《母性之光》《到自然去》等担任摄影师。金焰在这些反封建，追求自由的影片中，以朝气蓬勃、英俊朴实的气质博得了观众的击节赞赏。新中国成立后，我与他在影片《伟大的起点》中再度合作，这也是最后一次合作。不久病魔迫使他离开了影坛。以后忙于拍片和其他工作，我也没机会与他见面多叙，只是偶尔开会时碰过几次面。现在，这位把毕生贡献给了祖国电影事业的老电影艺术家永远离开了我们，我决心化悲痛为力量，在有生之年为繁荣祖国电影事业多做贡献。

（原载于 1984 年第三期《上影画报》）

十、阮玲玉值得写，值得拍

◎ 黄绍芬

从 1929 年我和阮玲玉合作《故都春梦》开始，一直到 1935 年她不幸逝世为止，她主演的许多影片是我拍摄的。从 20 年代到 80 年代，我一直从事摄影艺术，和许许多多演员合作过，但像阮玲玉这样演技深刻、精湛的实在不多见。拍片时，她不仅能圆满完成导演对角色的要求，而且常常超过导演的要求，实在令人叹服。

阮玲玉饰演的各类女性，身世、经历大多是悲剧性的，演到悲伤处，从不需要点眼药水。有一次拍《香雪海》，导演给她讲戏，她边演边眼泪汪汪，泪花渐渐淌下，分寸感准确极了。

阮玲玉的艺术才华是到了联华才充分表现出来的。当时联华公司在电影界比较正规，聚集了一批有追求的进步电影艺术家，公司提出了"提倡艺术、宣扬文化、启发民智、挽救影业"的制片口号。她进入联华，主演的第一部片子《故都春梦》便打响了，赢得了大量学生观众。以后她又主演了《三个摩登女性》《神女》《新女性》等许多优秀影片，为中国早期进步电影事业做出了巨大贡献。

阮玲玉这个人值得写，值得拍，我们也应该拍。我想，把阮主演的许多优秀影片的精彩片段剪辑起来，配上旁白，供大家观摩，是一件很有意义的工作。

最近我们几个老同志在一起就议论，现在电视片里的阮玲玉形象不对头，有些细节的虚构也歪曲了事实真相，如片中多次出现阮坐黄包车的镜头，这真是笑话！那时她已是大明星，哪能这样上街来往，平时她上下班都是公司租的小汽车送她回家，有几次我曾开车送她回去。还有，许多道具也失真。30年代的黄包车、汽车是没有红颜色的。

（原载于 1987 年 9 月 19 日《中国电影时报》）

十一、让生活充满美的色彩

◎ 黄绍芬

近来，彩色摄影普及，连农家办彩影也已经不是什么新鲜事了。这是科学技术开始发达、人民生活水平提高的标志。同其他行业一样，摄影业在争夺被"四人帮"破坏而延误的时间，要尽快地走向现代化，走入世界之林。

拍照留影是人们在生活中对艺术享受的需要，而作为一种艺术形式，彩色摄影远比黑白摄影更能反映我们五彩缤纷的生活。今天，生活中一片蓝一片灰的单色群正在褪去，代之以美丽的五光十色。人们的精神世界，则更充满了丰富的追求，呈现出"赤橙黄绿青蓝紫"全色彩。彩色摄影以它先进的科学性，能准确地反映生活外表的色调，又以它可达到的较高的艺术性，能更富有表现力地揭示当代人的精神面貌。然而，要使彩色摄影达到这样的目的，却并不是容易的。照片拍得花花绿绿，并不一定就是揭示了生活真正的色彩。作为艺术的摄影，不应是自然物象的翻版，甚至也不是对风花雪月的单纯赏玩，而应是对自然美的表现和创造，是生活激情的抒发。这就需要摄影者寻求生活中美的焦点、美的形象和美的色彩。因此，摄影者要深入生活，思考问题，开掘和提炼有意义的摄影主题；要开阔眼界、解放思想，只有丰富的主观心灵才能感应丰富的客观世界；要锤炼技术和艺术技巧，彩色摄影是现代科学和现代艺术的结合，所以二者都要掌握好。

提高摄影艺术功力，学点绘画理论甚至搞点绘画实践很重要。摄影和绘画都属于平面造型艺术，都表现一瞬间的时空物象的片段画面。它们对题材的构思和处理方法十分接近，其局限性也十分相似。彩色摄影在色彩调度方面更可以借鉴绘画艺术。人们将通过自己的实践，不断提高摄影艺术，使这门"科学美术"发挥其独特的功能。

（原载于 1984 年 11 月 27 日《文汇报》）

十二、永远的摄影迷

◎ 黄绍芬

又一个猪年来到了，今年已是我所经历的第 7 个本命年。虽然我在人生道路上走过了 84 年，从事摄影这一行也有 70 个年头了，但总感到时间转瞬即逝，许多留在记忆中的往事都似发生在昨天。

说起我是如何爱上摄影的，那还得追溯到童年时代。我出生在广东中山，记得每天去学校上课时，总要走过一家简陋的照相馆，照相馆里挂着一幅一个男人握着手枪的照片，我走过时总要看看照片上的男人，发现他的手枪老是指着我，无论我从哪个角度看都是如此，心里很是纳闷，非常想弄个明白。后来我才知道，拍这张照片时，手枪正对着镜头，所以才会产生这样的效果。

小时候对照片的好奇，犹如一颗种子埋在了我心里，使我后来对摄影产生了极大兴趣，以至于为此贡献一生。我干的是电影摄影，许多人一定不会想到最初我却是以演员的身份活跃在影坛的。

小时候我是个皮大王，打拳、骑马、游泳样样是把好手，过桥时，常常不是好好走过去的，而是跳到水中游过去。看我好动，15岁那年，亲戚把我介绍到民新影片公司当了童星，专演小武侠，曾拍摄了《木兰从军》《绿林红粉》《三剑客》等片。当武星很苦，生命得不到保障，不是长久之计。当时我萌发了想学一门手艺的念头，首先我就想到了心中暗暗喜欢的摄影。

那时学摄影很难，不像现在有电影学院，旧社会往往是教会了徒弟就意味着师傅自己失业，所以没人会教你。当时民新公司的摄影师，摄影机随身带，睡觉时就把机器放在床底下，连三脚架也不让人碰。我只能偷偷地学，偷偷地练。现在说起来是自学成才，但更确切地说，我是偷学成才的。

我总感到，一个人有了本事，再有了机会，那就一定会成功。后来一个偶然的机会，民新的摄影师走了，我就顶上了这个位置，那是1929年。这一年，我拍摄了一生中的第一部影片《故都春梦》。影片中，女主角扮演者阮玲玉很会演戏，但遗憾的是她脸上有缺陷，导演孙瑜要求我加以掩盖，这对现在的摄影师来说是件轻而易举的事，但当时却不能做到。我动足脑筋，最后用黑色丝袜和硬纸板做了一个简易罩子，将它套在镜头上进行拍摄。结果，片子拍出后获得了巨大成功。在阮玲玉红透半边天的同时，我也在电影界站稳了脚跟。

半个多世纪前的往事，至今想来仍是如此亲切，从《故都春梦》开始，直到解放后拍摄的《十五贯》《女篮5号》《林则徐》《聂耳》《枯木逢春》《霓虹灯下的哨兵》等，我已拍了近百部影片。我热爱这一行，如果再让我选择的话，我还是选择这一行。

目前，我仍担任着上海市摄影家协会主席的职务，这一职务我已担任了30年，我手中的摄影机早已换成了照相机。在本命年里，我最大的愿望就是有人来接我的班，让我能把更多的精力放在创作和培养后生上。我想，摄影家协会主席的衔头可以卸下，但我手中的相机是永远也不会放下的。

（原载于1995年2月3日《新民晚报》）

附录六：名家评论文选（15篇）

一、一代宗师黄绍芬

◎　倪　震

2011 年是杰出的电影摄影家黄绍芬诞辰 100 周年。

在这个特殊的年份，回顾这位从影 60 多年，在中国电影每一个发展阶段都曾为摄影事业做出了重要贡献的艺术家，具有重要意义。黄绍芬的电影摄影创作，从 20 世纪 20 年代的默片时期开始，一直延伸到 20 世纪末，在中国银幕上留下了不可磨灭的个人印记。

黄绍芬 1911 年 5 月生于广东香山县。1925 年来到上海投身电影，以 14 岁的少年身躯，进入上海民新影片公司当演员，在《五女复仇》《木兰从军》等影片中饰演角色。他虽然体魄健壮、身手敏捷，却无心演艺，心仪摄影。他偷师学艺，潜心学习摄影、照相、洗印等技术，终于在拍摄《故都春梦》时获得掌镜机会，初试身手而一举成功。此时，他还仅仅是一个 18 岁的热情后生。

这一次成功的处女作尝试，赢得了制片方和合作者的赞赏和信任，黄绍芬接连拍摄了《野草闲花》《恋爱与义务》《一剪梅》《桃花泣血记》等影片。之后，他就成为了联华影业公司的摄影组组长。对于一个年方二十，通过自力更生跻身激烈竞争的影界新进而言，这是一个不平凡的奇迹。

本文将依照中国电影历史发展的阶段划分，与黄绍芬个人创作历程相交叉的关系，来回顾和评价他对中国电影摄影艺术的贡献，并兼论他与中国电影镜语模式建立与传承的历程。他既是上海电影学派百年行程的见证人，也是中国电影摄影走过技术、工艺与艺术发展各个阶段的参与者和探索者。

（一）默片时代：奠定中国电影镜语模式

黄绍芬初次掌镜《故都春梦》的 1929 年，正是世界上第一部有声电影问世的第二年。此后不久，中国电影也以《歌女红牡丹》宣告了自己进入有声电影的历史时期。

实际上，在整个 20 世纪 30 年代的前半期，不少中国电影还都是以默片方式问世的。而黄绍芬参与摄影的不少电影，也都是以默片形式出现，如《一剪梅》《桃花泣血记》《三个摩登女性》《母性之光》等，甚至 1935 年拍摄的《天伦》，也仍然是以大量字幕占据银幕的名默片。在 20 世纪二三十年代，从默片向有声片过渡的电影发展期，也正是中国电影镜语模式的形成期。

笔者在以往的论述中曾经提到，中国电影镜语模式有以下几个方面的特征：

1. 以中景景别的双人镜头为贯穿性的景别。既区别于美国电影的三镜头或对切画面为经典语式，亦不同于法国电影段落镜头或内部调度为延伸的空间营构。

2. 对切镜头常常以双人对双人，或群像对群像的组接为模式，跟欧美电影个人与个人互相对视的空间关系明显不同。

3. 移动镜头和摇镜头以横向摇移、平面延伸为空间扩展，全景展示以中国长卷式画面为宗旨，较少像法国或欧洲电影强调的纵深调度和后景为主、前后呼应的运动方式。

4. 全景景别成为场面更替或段落首尾的基本语式。在一个场面内，也时时给予全景镜头的照应，注重空间完整性的贯穿。

5. 中国电影用光方式，基本上以全景平光、完整呈现为主要模式，既不同于美国电影的以局部对比与全景对比相结合的照明理念，也区别于默片时代苏联蒙太奇式的光影强烈对比。至于德国表现主义默片的怪诞照明风格，更与中国默片造型风格相距千里。

黄绍芬在 20 世纪 30 年代前半期参与拍摄的数量不少的默片，充分展示了以上镜语模式的特点。在《桃花泣血记》中表现金焰和阮玲玉饰演的一对情人的悲欢情事时，大量运用双人镜头，期间穿插江南桃园和乡野山川的景语渲染，场面较大的段落中体现了空间完整性的造型观念。在《一剪梅》这部剧情复杂、场面较大的默片中，再次显示了全景景别和双人镜头贯穿始终的镜语结构。虽然其中也局部运用了单人对切镜头作为过渡，但是又迅速地回到双人镜头来表现剧中人相互关系的延续和交流。该片在呈示室内空间时，摄影师和美工师多次运用玻璃窗、格子窗或两个套间互相透视的关系来扩展空间层次和实现"透"与"隔"的美学意图。而且，由于剧情涉及诸多外景，如主人公落草为寇、军阀都督举兵剿匪等场面可观的情节，摄影师展现了策马追逐、原野格斗等丰富的表现手法。可以见出，青年黄绍芬在默片时期的创作就不囿旧法、力图更新的强烈愿望，同时也反映出探索中国电影镜语模式过程中，20 世纪二三十年代上海电影深受好莱坞默片影响的痕迹。

1935 年，黄绍芬参与了罗明佑导演的《天伦》的拍摄。在这部宣扬传统道德和家族人伦的默片中，双人镜头和群像构图更为突出。以江南乡镇和现代城市做对比的空间描写中，黄绍芬熟练地运用多层次的人物组合和布景特点，展示出影像和构图的强烈民族风格。深灰色的影调和大面积的阴影，衬托出传统礼教和父子君臣的伦理关系的森严。与此对照的是，1937 年黄绍芬在欧阳予倩导演的影片《如此繁华》中，运用明亮的影调和黑白对比，强调了表面繁华、内里虚伪的不法商人们的尔虞我诈，表现了他比较宽阔的造型音域，展示出适应不同题材、不同导演叙事风格的视觉处理能力。

然而，即使在这些不同剧情、不同故事的摄影处理中，双人镜头、中景为主、横向摇移、全景过渡，这些造型元素始终是黄绍芬镜语模式的核心。甚至是贯穿其后几十年摄影生涯中的固有特色。

中国电影镜语模式的固有特点，虽不能说是黄绍芬一个人在探索中形成，而是由整整一代摄影师共同造就的。但是，黄绍芬在 20 世纪二三十年代通过众多的摄影实践，持续而反复地展示上述特点，说明了黄绍芬至少是中国电影镜语模式的重要探索者之一，是形成这一具有民族特色的镜语体系的奠基者之一。

（二）40年代：伴随成熟的电影

叙事展示杰出的摄影技巧。1946—1949年的上海电影被史家公认为中国电影佳作迭出的成熟期，无论在反映社会问题和民众心态的历史深度上，还是在电影叙事技巧的成熟度上，都显示出和同时期的国际电影并驾齐驱、不相伯仲。当时影坛以昆仑影业公司、文华影片公司的作品更为突出，以广阔的社会视野、不同的艺术风格，拍摄了一批反映抗战胜利后社会矛盾日益尖锐的电影作品，产生了强烈反响。其中就有黄绍芬投入创作的电影杰作《太太万岁》《假凤虚凰》《夜店》《艳阳天》和《哀乐中年》等。

1946年成立于上海的文华影片公司，是一个具有中性意识形态色彩、汇聚了深涵文人情怀的电影精英，以创作优质文艺片为宗旨的电影公司。制片家吴性栽团结了费穆、黄佐临、桑弧、曹禺等资深的戏剧和电影导演，在短短四年内，制作了多部品质优秀的电影作品。

曾经与黄绍芬合作过的摄影师许琦回忆道："文华影片公司成立后，艺术创作由桑弧、黄佐临负责，摄影由黄绍芬先生负责，行政由陆洁、张渭天负责。在黄绍芬数十年摄影经验的保证下，文华影片公司不同题材、不同导演风格的影片，都受到摄影造型充分的体现。"

首先是脍炙人口的喜剧片《假凤虚凰》。在这部以一个冒充富翁的理发师和一个年轻寡妇爱情博弈的讽刺喜剧中，曲径通幽、层出不穷的戏剧情节得到了摄影表现的充分依托。石挥饰演的3号理发师和李丽华饰演的假富婆掩饰真相又破绽百出的有趣表演，在摄影师角度多变和光线丰富的处理下，得到了大大增色的电影化效果（笔者有幸在童年时候曾看到这部电影，对石挥的表演至今记忆犹新。因此，并非仅凭文字资料纸上谈兵）。

在20世纪40年代，黄绍芬最有突破意义的电影摄影创作是改编自高尔基原作，由柯灵编剧、黄佐临导演的《夜店》。这部以底层大众蜗居苦熬为剧情的极度写实主义影片，以丰富的群像、多人物的性格描写，突现了底层社会地狱般的黑暗和惨遭压迫的苦难人生。摄影处理的任务，是要把一座蜂巢般的人间地狱及这些不幸者的抗争渐次深入地表现出来。

《夜店》的摄影创作，是由黄绍芬为主，带领许琦、葛伟卿两位摄影同仁共同完成的。许琦回忆道："由于照明灯具的改观，对于影片戏剧气氛的营造和银幕造型艺术的实现，增添了许多手段，这部戏的摄影光线艺术效果，可以说是文华影片公司乃至整个中国摄影造型艺术更新换代的转折点。在绍芬先生的带领下，我们的摄影已经开始从戏剧角度进行人物造型的处理，对戏的气氛也开始追求以不同的光线处理来衬托人物情绪的不同和情节的变化，达到真实自然的效果。"

在杰出的美工师丁辰的布景设计和陈设下，夜店内外结合，楼上楼下蜂巢状的空间结构为黄绍芬的灯光布置提供了充分的条件和纵深。互为前景和后景的宽敞的夜店一层"大厅"，在黄绍芬的灯光布局下，展现了巨大的纵深层次，造成各组人物在前后多层灯光照耀下的复杂层次感，并随着剧情需要而渐次更换剧中人物在主光区的突出位置。这种建筑残破、衣衫褴褛、氛围破败的极度真实的社会底层描写，在黄绍芬的摄影处理下，达到了与当时意大利新现实主义电影异曲同工之妙，被视为可与国际同类作品比肩的经典电影。

当然，更重要的是《夜店》之中的人物形象刻画。在黄绍芬的镜头中，以复杂、多变的光线照明，突出了石挥饰演的夜店老板闻太师狡诈残忍、两面三刀的凶狠性格。他与童芷苓饰演的赛观音同床异梦、互相欺骗的夫妻关系，揭示了金钱至上、天诛地灭的豺狼哲学。黄绍芬仅用一场角度多样、横向移动、调度简练的摄影手法，便揭示了这种尔虞我诈的男女关系和隐埋其中的危险伏笔。

更为引人入胜的人物性格展示是在影片高潮处。老板娘赛观音试图挑动神偷杨七（张伐饰演，该片一号男主角）设计杀掉闻太师，双双携款私奔。而杨七坚决拒绝她的恶毒诡计，决心与赛观音一刀两断。黄绍芬运用强烈的灯光照明和特写镜头，突出了两人的剧烈矛盾和内心冲突，从摄影技巧的配合上，使全剧达到了具有震撼力的最高潮。这一场面中特写镜头的用光强度冠于全片之首。张伐的表演和童芷苓的反应镜头都达到了令人难忘的银幕效果。在这两位表演艺术家的作品系列中，这场戏的银幕呈现，也一定是他们十分珍惜的华彩段落吧!

20世纪40年代照明技术和灯具的改进固然促进了银幕效果的提升,但更关键的因素还是用光观念的突破和摄影美学的更新。《夜店》的写实主义视觉表现,不仅是黄绍芬个人创作风格的突破,也影响到40年代末期整个中国电影摄影观念的演进。或者说,它是同时期走向深度写实的摄影界共同探索的一个令人瞩目的成果。《万家灯火》《乌鸦与麻雀》等影片的摄影成就,既可以看作是对《夜店》的一种回应,也可以看作是沿着这一探索方向的迈进。

在拍摄《夜店》的同一年度,黄绍芬和许琦、葛伟卿还参与了桑弧执导、张爱玲编剧的《太太万岁》的拍摄。作为20世纪40年代文华影片公司的经典家庭伦理剧,张伐和蒋天流因此片而流光溢彩,尤其是蒋天流饰演的陈思珍,成为20世纪中叶银幕少妇的闪光亮点,成为黄绍芬摄影语言塑造的名副其实的"完美太太"。在这部影片中,黄绍芬一反《夜店》影调的黑暗浓重、阴影密布,而是全片明亮舒缓、耀目清新。经典的双人镜头和室内横向调度,流畅简约地推动着剧情发展,运用近景和中景结合的摄法,将夫妇二人悲欢离合的曲折情路,轻松有度地展示出来,使观众从传统的"苦戏"中解脱出来,在明亮欢快的视觉享受中,体验一次小有风雨、重归于好的家庭波折,回味七年之痒而又必须珍惜的夫妻之情。摄影语言自始至终贯穿了明亮中变幻、轻快中悦目的总体格调,准确、适度地配合着剧情发展,使张爱玲的女性语调和桑弧导演的淡定叙事风格得到了恰如其分的视觉表现。

《夜店》和《太太万岁》这两部同一年创作而视觉风格如此不同的影片,都达到了各自艺术表现的成功,反映出黄绍芬在20世纪40年代后期,已经进入技术精湛、手法多样的摄影创作成熟期。诚然,黄佐临导演和柯灵编剧功力不凡,张爱玲笔法的细腻和桑弧导演的从容清新,主导着两部影片的艺术定位,但这正好说明,一个成熟的摄影家就要有宽阔的音域和丰富的技巧,以适应不同题材和不同导演的创作要求,完美实现每一次镜语叙事的创新任务。

在《夜店》进行了复杂的摄影探索并取得佳绩之后,黄绍芬又与许琦、葛伟卿等合作者参与了曹禺导演的《艳阳天》的拍摄。曹禺对黄绍芬的摄影技术和创作经验极为信任和尊重。由于此前与许琦等同仁合作《夜店》配合默契，因此，黄绍芬在《艳阳天》的拍摄中非常放手，有意让（当时的）年轻同仁多多锻炼。每天一早，摄影组做好了技术准备，可以进入实拍，但曹禺一看黄绍芬还没到现场，就借口说："我还要排一排戏呢。"直到眼见黄绍芬亲临摄影现场，就说："再试一遍，请绍芬先生看看，可以拍吗？"只有黄绍芬点头表示，可以实拍，曹禺才放心地拿起话筒，宣布开机。

1946—1949 年，是上海电影创作的高峰期，也是中国电影反映社会现实，叙事、造型、表演艺术的成熟期。这一时期的上海电影佳作迭出、语言精练、风格多样。文华影片公司制作的多部影史流芳的经典作品中，黄绍芬的摄影贡献历历在目、功不可没。他不但在个人摄影创作上达到一个高峰期，而且提携后进、培养团队，带动整个摄影艺术队伍扎实前进。

（三）中国戏曲片的重要探索者和引路人

中国戏曲片是一个风骚独领、光彩夺目的民族电影瑰宝。中国电影起步伊始便以戏曲片《定军山》拉开序幕，便是一个有力的例证。将一种摄录工具迅速地与传统戏曲相婚配，反映了历史悠久的东方民族优越的文化心态。此后的电影百年行程中，戏曲片始终是中国电影园地中的一朵鲜花、一个重要片种。

黄绍芬在 1937 年就投入了京剧《斩经堂》的摄影创作，较早地进行了戏曲片电影化的探索，从而与"乐队指挥式视点"拍摄的舞台纯纪录式戏曲片拉开了距离。然而，更重要的戏曲片探索是黄绍芬在 1948 年与费穆导演合作，首次运用彩色片拍摄京剧大师梅兰芳的《生死恨》。这一次艰难而大胆的举动，是中国彩色电影的破冰之旅。

1948 年，正值梅兰芳京剧艺术造诣精深、年富力强之际；又逢抗战胜利，复出登台，众望所归；广大观众翘首相望，能把他的舞台艺术通过彩色片方式让更多观众一饱眼福，是人们十分期待的盛事。费穆导演深谙中国传统戏剧，对京剧艺术素有研究，加上黄绍芬经验丰富、掌控自如的摄影表现，可说是珠联璧合。但是，当时中国从未有过彩色片的拍摄，洗印设备更无建设，连正常的 35 毫米彩色底片都没有。黄绍芬大胆地使用 16 毫米彩色反转片进行了《生死恨》的拍摄。在各种场景和灯光条件下，反复试验、反复校正，竟然破天荒地用彩色反转片拍成了中国第一部彩色电影《生死恨》。为了保险起见，他在现场拍摄了两条胶片，一条作为原底保留，另一条送往美国印制 35 毫米影片以供正式成片。这种非凡的探索精神和巨细兼顾的处事风格，表现了黄绍芬胆大心细、进退有余的精明和谨慎。

黄绍芬投入拍摄的另一部重要彩色片是越剧戏曲片《梁山伯与祝英台》。这也是新中国电影的第一部彩色片。

《梁山伯与祝英台》是浙江越剧剧目中一个久经锤炼、成熟优秀的保留剧目。知名演员袁雪芬、范瑞娟等艺术家德艺双馨、才貌俱全，加上此剧剧情哀怨、曲调优美，在江南观众中广受喜爱、传诵不绝。远见卓识的周恩来总理向上海电影制片厂领导提议，将《梁山伯与祝英台》拍成一部精致、优秀的彩色戏曲片，却并没有过早流露出要将它配合外交举动的深远意图。这既反映了这位杰出领导人的深谋远虑，也反映了他十分尊重艺术家和艺术创作规律的民主作风。

虽然全片创作深受各级领导关怀，但当时的胶片来源和技术条件，仍然给拍摄过程带来了很大的困难。黄绍芬回忆道："1952 年，周总理派夏衍同志到上海，希望上海搞两部彩色片。但当时确实没有条件，机器、照明、胶片都没有。夏衍同志通过苏联从东德进口了彩色胶片，却是过期的，它的感光度很低，一定要用日光拍。我们没有器材，有灯胆没有发电的马达。夏衍同志很懂行，他说你需要多高强度的马达，我说要一万伏特的。他说让陈毅市长把防空探照灯供电用的马达借给我们用，但有一个条件，早晨给我们用，傍晚五点之前一定要归还。"（笔者注：这说明当时的全面协作多么畅达、统一。）就是在这样的条件下，克服了器材设备的困难，发挥了土法上马的创造力与聪明才智，使《梁山伯与祝英台》在摄影艺术表现上达到了杰出水平和鲜明的民族风格，有力烘托了爱情悲剧和人物刻画，大大增色了两位主人公的表演，而且更加突出她们的秀美形象。不但在国内获得了广大观众的热烈反响，而且在 1954 年日内瓦会议期间放映取得了广泛的国际影响。

1954 年，周恩来总理携带这部彩色影片进行会外放映。他指示相关人，不要写冗长的剧情介绍，只要在说明书上写一句话："这是一部描写中国的罗密欧与朱丽叶的影片。"由于他广阔的国际文化视野和丰富的外交经验，《梁山伯与祝英台》大受与会各国外交家和工作人员欢迎。喜剧大师卓别林特意光临观看，并对影片大加赞赏。周恩来全球化文化目光的宣传策略，跟江青"四人帮"自我封闭、与世隔绝的"文化孤岛"政策相比，真是有天壤之别。

《梁山伯与祝英台》在器材设备、胶片洗印方面如此困难的条件下，黄绍芬和美工师黄伟云、张曦白是运用什么方法克服上述局限，扬长避短地实现了动人的造型效果的呢？今天看来，他们是运用了布景设计或背景陈设和布光用色相结合的方法，用强化明暗对比，托出明亮色块的方法，实现了彩色画面艳而不俗、明亮有致、人物形象鲜明突出的银幕效果。无论是英台闺房、祝家客厅、杭州书斋、十八相送，还是楼台相会，各个场景的背景布置中都有一处浓重的黑色块。这黑色块非常深沉浓郁，不惜牺牲暗部层次（过去东德胶片也可能追求高标准的暗部层次），强烈地衬托英台的服饰和山伯的水袖，从而达到了在色彩明度上的强烈对比，既符合戏曲片装饰性服、化、道的传统色彩特点，又实现了中、近景中人物面貌、皮肤色彩的透亮、清丽，人物表情的细腻、明确，使悲剧剧情在有序的光影起伏和色彩对比中，情绪饱满地奔向高潮。在英台殉情、双双化蝶的结尾中，色彩表现也达到最高的华彩乐章。即使今天看来，这部诞生于 20 世纪 50 年代的彩色影片，银幕效果仍然鲜亮有度，不输当下有些处理失当的彩色影片，可见当时的创作者们态度严肃，巧思善谋，因地制宜地创造奇迹的探索精神。

黄绍芬一生的电影摄影创作中，戏曲片占据了很大比例。《斩经堂》（1937）、《生死恨》（1948）、《越剧菁华》（1950）、《相思树》（1950）、《梁山伯与祝英台》（1953）、《十五贯》（1956）、《宋士杰》（1956）、《望江亭》（1958）、《芦花淀》（1976）、《白蛇传》（1980）等。不但数量众多，而且摄影处理因剧而异、各有风貌。例如，表现疑案重重、冤情曲折的《十五贯》，就使用阴冷色调和暗影层层的布光手法，渲染离奇而沉重的悬疑情节；烘托侠义豪情、古道热肠的老人的《宋士杰》就以高调明亮、炽热浓烈的暖调子，强化人物性格的豁达、豪侠和奔放，一句掷地有声的"受贿了，受贿了，受贿不多，三——百——两！！！"的道白，吓得贪官肝胆俱裂，洒出义士满腔豪情。黄绍芬用准确的近景，突出地烘托了周信芳名垂千古的表演，真是我国戏曲电影中的瑰宝。黄绍芬电影摄影创作的收山之作是戏曲片《白蛇传》。在改革开放的新时期，技术、器材、物质条件与往年相比都有了根本的改善，这部戏曲片布景之繁复、特技之丰富，令人应接不暇，充分地反映了黄绍芬决心要画出一个十分完满句号的夙愿。

（四）黄绍芬在新中国成立十周年献礼片中的摄影创新

每逢重大政治性节庆日，各电影厂以规模巨大、制作精良的影片献礼，是新中国电影工业独有的周期性生产高潮，这种传统一直延伸到当下。

1959 年是新中国成立十周年，各个制片厂大力筹备献礼片。上海海燕电影制片厂制作了《林则徐》《聂耳》两部影片作为国庆献礼，其后不久的《枯木逢春》虽然略有间隔，但史家通常将这三部作品置于一同进行论述。既因为它们代表了上海电影当时的最高水平，也因为它们同属一个创作集体所拍摄：导演郑君里、摄影黄绍芬、美工师韩尚义。这个创作集体是代表当年上海电影第一生产力的强力集团，它跟当时北京电影制片厂的铁三角组合（崔嵬导演、聂晶摄影和秦威美工师）的创作集体遥遥相望，成为南北呼应的两个优秀创作班子。

黄绍芬掌镜的《林则徐》《聂耳》和《枯木逢春》是他一生摄影创作的高峰，是他将前 30 年大量摄影实践的经验，与郑君里、韩尚义两位合作者共同进行的一种电影语言民族化的系列性探索；是他个人，也是上海电影创作的一次具有转折意义的创作实践。

郑君里曾经在 20 世纪 40 年代末期与蔡楚生合作执导过《一江春水向东流》，1949 年还导演过风格奇特的《乌鸦与麻雀》，在 50 年代初期有幸以《宋景诗》获得了上海电影处于历史磨难期的被依靠对象的身份，但这些都不能尽情表达他的电影理想。1958 年，经过长期准备和精心构思，《林则徐》是郑君里真正展现个人电影理念和美学追求的一次心情舒畅的实践。也因为他完整的历史观与美学观的指引，黄绍芬的摄影艺术跨越了以往的高度，将前 30 年的丰富经验和技术保证上升到一个具有更深美学内涵的新境界。

黄绍芬在《林则徐》的摄影创作中突破以往的陈规，在以下三个方面进行了创新探索。

第一，是以多变的景别和角度，刻画主人公林则徐忠贞的人品、忧国的神思和亲民的情怀。黄绍芬在培养后进和总结一生摄影经验时，反复强调刻画人物风貌和内心是电影摄影的根本任务和核心技巧。几十年来，他的镜头表现了从阮玲玉、金焰、林楚楚到金山、石挥、李丽华、蒋天流、上官云珠……以及梅兰芳、周信芳和袁雪芬等表演艺术家饰演的不同性格的人物，展现了他们各自的光彩和神韵，为中国银幕保存了几代表演艺术家的历史形象和独特风采。这些丰富经验都为黄绍芬在《林则徐》中用造型语言强化赵丹的艺术创造，提供了多方面的可能。

赵丹的表演艺术在 50 年代末期已炉火纯青。在郑君里执导下，林则徐多面的风貌和丰富的神色在下列场面中渐次深化地获得性格化呈现：钦差上任、同僚叙旧；泛舟珠江、夜访民情；公堂对质、严斥义律；虎门销烟、官民同庆。在这些场面中，黄绍芬或用移动镜头跟拍，或以近景、特写细描，强化了林则徐忠心社稷、忧国亲民的形象，也点出了他爽朗明快、爱憎分明的性格，更将赵丹已入化境、物我两忘的潇洒发挥心领神会地收入镜中。

在剧情转入禁烟受挫，朝廷惧外、屈从洋人，将林则徐撤职查办，任命投降派琦善接任钦差大臣的逆境中，林则徐戴罪受辱，自行摘去顶戴花翎，黄绍芬极其准确地运用中景镜语，展示了林则徐悲愤压抑、报国无门的情绪演变过程。黄绍芬将赵丹外静内烈的表演非常有分寸、有度地展示在银幕上，可谓珠联璧合，相互增色地展现了这个震撼人心的悲剧性场面。

第二，在意境营造、镜语情语的拓展方面，做出了十分成功的尝试。《林则徐》全片的叙事中，空间话语和空间表征是首尾贯穿的造型营构，这固然由虎门销烟、炮台拒敌、海战抗英这些与史实有关的剧情所致，然而，由空间而立意，由景语而情语，更是创作者主观意识投射的结果。影片中常为人称道的两处意境营造的经典段落是摄影创作技术保证的最佳实例。一处是道光帝听信谗言，邓廷桢被强行从广州调防福建，林、邓二人岸边惜别、互道珍重。舟船远去，林则徐步步登高，极目远眺，天地茫茫，碧波渺渺。李杜诗意在银幕上下回荡。意境之高远，大大超出了情节表意的叙事任务。

又一处是林则徐被革职为民、茶饭不思、忧愤独处、闭门谢客。一炉清香、一卷离骚，屋主人身处斗室却心忧浩宇。镜头中那一炉清香冒出的袅袅淡烟，在空中轻摇直上，折射着屋主人孤傲不群、蔑视群丑的不屈心态，象征着林则徐为民献身的高洁人格。紧接着院门开处，无数民众前来送匾慰问，表达了抗议朝廷、拥戴林大人禁烟为民的一片感恩之情。在这里，前半段画面中，香炉、离骚、青烟、寂静，这些默默无语的空镜头对营造意境和反衬心境起到了极其强大的烘托作用。"空故纳万境"。黄绍芬光色准确、角度恰当的内景拍摄，十分完美地实现了这一场面的意境创造任务。尽管这一意图可能是导演提出的构想，也倚仗美工师有效的布景陈设。但是，最后的实现如灯光、色彩、角度的选取及技术的完成，仍必须倚仗摄影师的精确保证和圆熟掌控。

第三，在探索国际题材的造型语言方面，取得了融客观性、真实性、历史性为一体的良好的艺术效果。

20世纪50年代末至60年代初，"左"倾思潮已经比较盛行，庸俗社会学在艺术创作和文艺批评领域内具有相当的市场。丑化和漫画式地表现敌对人物和反面形象，几乎为多数文艺作品的惯例，也是创作者保护自身安全的权宜之计。但是影片《林则徐》在表现英国驻广州领事义律和商人颠地时，都采取比较客观、写实的电影语言，还历史本来面目，展开戏剧冲突、塑造鸦片战争年代中外历史人物的时代风貌，比较具有历史感、文化感。例如，影片表现林则徐与义律公堂对峙、唇枪舌战时，在镜头用光和角度选择上，都采用平实、正常的方式处理两人的对切画面，拒绝采用违反真实的夸张渲染、从外部丑化义律的造型手段以强化政治目的；又如在表现领馆被围，英商纷纷要求英政府派兵攻打中国时，义律却冷静镇定，闭门独处，给女王陛下修书一封，并要求回国的颠地向帝国议会报告，正式请求派舰队前来攻打广州。在这些场景中，黄绍芬运用还原历史风貌的镜语和布光处理，运用适度的运动镜头，表现了英国驻广州领事馆及商会的戏剧环境和时代氛围，与韩尚义考证有据的布景陈设一起，创造了至今经受得住历史考验和文化审阅的国际题材历史片。而不是某一时代的政治宣传任务一完成，艺术作品的文化价值和历史意义便荡然无存，成为速朽式的应景快餐。

黄绍芬不仅在《林则徐》一片中做出了以上诸方面的摄影创新和美学探索，而且在《聂耳》和《枯木逢春》中也都有多种摄影艺术的民族化追求，成为 1959—1963 年那次电影艺术创新和民族化电影语言探索中的重要代表人物之一，也成为他个人电影摄影生涯中一个最闪亮的艺术高峰。

结　语

从 1929 年掌镜拍摄处女作《故都春梦》起步，直到 1988 年以电视剧《洒向人间都是爱》作为告别之作，黄绍芬走过了整整 60 年的摄影创作历程。他见证了上海电影从默片到数字技术运用的各个时代，与时俱进地掌握并更新着自己的摄影技巧和保证手段。他以技术掌控准确、精到饮誉上海乃至全国影坛，又在中国电影每一个艺术转型期，不断更新自己的社会观念和摄影观念，在 20 世纪 40 年代后期和五六十年代相交的两次电影艺术创作高潮期，留下了自己重要的摄影艺术作品，对上海电影的发展、对中国电影摄影艺术的推进，都做出了重要的贡献，无愧于电影摄影界一代宗师的称号。

黄绍芬留下的数量浩瀚及若干传世精品的丰富的电影摄影作品遗产，具有重要的艺术价值和文献价值，具有宽广的研究空间，有待于后人深入研究、继承和发展。

（本文作者是北京电影学院教授、中国著名影评专家。本文选自 2011年 9 月《当代电影》）

二、黄绍芬老师，永远没有离开

◎ 秦　怡

　　我与黄绍芬老师认识于新中国成立前，但并未合作过，可黄老师在我印象中像个小青年。一直到我们一起拍《女篮5号》，以及1959年一起拍国庆十周年献礼片《林则徐》，我们才真正合作。我一直把他看作是一位年轻有为的摄影专家，他不仅显得特别年轻，而且特别敬业。

　　好像在1958年秋去广州虎门炮台海军预校体验生活，修改剧本并看外景时，黄老师经常是上身穿一件衬衫，下边穿条短裤，白袜白鞋，走起路来很松快。有一次我们摄制组的主要创作人员邀请预校领导一起开会听取部队同志的意见，会议开了一半休息时，预校的领导和我们创作人员聊天，他就问绍芬同志"你有多大年纪？还不到三十吧？"黄老师笑着还未开口，我们大家就笑了，我抢先说了一句："黄老师才二十七岁呢！"那位领导接着说："我看也差不多。"于是我们都哈哈大笑，我就告诉领导："黄老师实际已经54岁了。"那位领导睁大了眼睛说："这怎么可能？"是啊，我们都觉得这怎么可能？所以在后来听到他永远离开我们的消息时，我真是怎么也不信，他不抽烟、不喝酒、不发脾气，说话也特别温和客气，几乎永远带着微笑，他为什么会走得这么早？而且黄老师的敬业精神我也永远铭记心中。《女篮5号》是黄老师与沈西林同志一起担任摄影工作的。后来在《林则徐》中，他与我就经常在一起开会，有几次，他都坐在我对面，而且常常对我凝视着。我当时非常奇怪，有时几分钟他都不挪动视线，有时我会去拿小镜子看一下，是否我脸上长了什么东西。但有一次我正好与他坐在一起吃饭时，他一本正经地问我："秦怡同志，你觉得你拍的许多电影中的形象，哪一位摄影师拍得最好？"我曾和许多摄影师合作过，一下子被他问住了，一时说不上来。他就又说了："《女篮5号》是上影第一部彩色体育故事片，光的掌握方面，经验也不足，我现在仔细看了你本人，我觉得《女篮5号》中的人物形象拍得还不够好……"我听了他这段话，才恍然大悟，原来他盯着我看，是正在研究我的特点，他在琢磨怎样能改进质量。他对我说，一部戏，除了内容，最重要的是人物，人物又是各种各样的。我们和你们一样要塑造人物的，有时需要拍得特别美，有时需要拍得难看一点，这都是看剧情和人物的需要。我问他："那摄影怎么掌握的？"他虽然是简单的几句话，但我明白他整天都在考虑这些问题。他说比如这个人物是很坚强的，那么就应该给她拍得轮廓鲜明，线条明亮清晰；人物性格是温柔的，那么她的面部光也应该柔和一些，人物光与景物光当然也不一样，当然还有其他许多的配合，但光的作用很大，它可以使你变得特别美，也可以使你变得特别丑。我也和他讲了我自己的优缺点，他又用上海话说："侬已经蛮好了……"最后他用上海话又说了两句我永生难忘的话，他说："反正拍戏就是这样的，侬离勿开我，我离勿开侬！"

黄老师，您的这两句话，永远教育着我们，真是话短意深！

2011 年 5 月 10 日

（本文作者是中国著名表演艺术家）

三、黄绍芬——"银幕绘画"高手

◎ 许 琦

1946 年建立文华影片公司后，艺术创作由桑弧、黄佐临负责，摄影由绍芬先生负责，行政由陆洁、张渭天负责。那时的摄影设备很差，没有任何改进，但凭绍芬先生数十年的摄影经验，他的摄影造型艺术在当时是无与伦比的。

《假凤虚凰》是一部描写旧时代小人物相互欺骗的喜剧片，当时不需要写摄影阐述，只要拍出一般喜剧气氛和生活气息就可以了，具有丰富摄影经验的绍芬先生足可胜任。尤其是人物肖像摄影，绍芬先生可以把演员拍得很美很美，也可以拍得很丑很丑。那时，在布置灯光时，我如果建议在某处加一只灯，得到绍芬先生的认可时，我会比什么都高兴。那时虽还不能按喜剧的要求进行气氛、构图的光线处理，但是绍芬先生对"银幕绘画"的一贯精益求精、求美的创作要求得到导演的赞赏，全剧完成后在厂试映时，这部影片的摄影成就得到称赞和好评。

《假凤虚凰》后的一部戏是《夜店》，由于照明灯具的改观，对影片戏剧气氛的营造和银幕造型艺术增添了许多手段，这部戏的摄影光线艺术效果可以说是文华影片公司乃至整个中国电影摄影造型艺术更新换代的转折点。在绍芬先生的带领下，我们的摄影已经开始从戏剧角度进行人物造型的处理，对戏的气氛也开始追求以不同的光线处理来衬托人物情绪的不同和情节的变化，达到真实自然的效果。

《夜店》结束后又推上了《艳阳天》，导演是曹禺先生，他对绍芬先生的摄影技术极为认可和推崇。这时，绍芬先生对我们都非常放手，每天一早我们把准备工作都做好，能拍就拍。导演一看绍芬先生还没来，就说我还要排戏呐。当看到绍芬先生来了，他就说："再试一遍，绍芬先生看看可以拍吗？"只要绍芬先生说："可以拍了。"导演就放心了。

我觉得文华影片公司的领导对摄影艺术质量的要求是极严格的，全公司摄影部门的七个同志，对工作都很认真负责，不怕苦、不怕累，对摄影专业的学习都很专心，这和绍芬先生一贯的工作一丝不苟、以身作则，对组内同志爱护关心和放手是非常有关系的。

（本文作者是中国著名电影摄影师。本文摘自1992年许琦写给黄绍芬先生的信。）

四、永远怀念黄绍芬老师

◎ 马林发

今天，我们以极其崇敬的心情纪念黄绍芬老师诞辰100周年纪念日。虽然他离开我们已经14年了，可是每当看到他留下的作品，每当想起与他一起工作并接受他谆谆教导的日子，我的心情仍然激动不已。

我于1947年踏进电影厂工作，就是由黄老师介绍的，他是我工作的引路人，也奠定了我的终身职业。我从一个不懂电影的人到自己能独立拍片，都是黄老师和许琦老师悉心培养的结果。

黄绍芬老师是原文华影片公司摄影录音部门的负责人，那时候一个厂只有一两个摄制组，全厂才三四十个职工，一年也只能生产六七部故事片。上影成立后他又担任总工程师职务，是在中国影坛上享有盛誉的摄影家，60多年来他拍了无数优秀的经典作品，同时也培养了许多人。他担任了三届上海市摄影家协会主席，凡是做过他助理或和他合作过的人，无不被他勤勤恳恳、踏踏实实的精神所感染。他是个大摄影师，可从不摆架子，总是那样随和可亲。我跟了他十几部戏，从没见他发过脾气。他在拍摄现场始终从容不迫，凭着丰富的经验和熟练的技术，不管是多大的场面、多复杂的布景，他总是调度有方，各部门配合协调，拍出来的画面质量很高，故而许多导演、演员都喜欢跟他合作。

我特别有深刻体会的还有黄老师摄影风格的变化。他以前拍的影片受欧美的影响较大，拍出来的场面富丽堂皇，人物也都是漂漂亮亮，看了很舒心，娱乐性很强。可是1959年国庆十周年以后，他拍的《林则徐》《聂耳》《枯木逢春》的摄影风格有了很大的转变，不再单纯地追求形式美，而是紧紧地依据剧情，依据人物的内心世界，充分地运用镜头、色调和光等手段来创造气氛，极大地提高了影片的艺术性。特别是黑白片《枯木逢春》，无论是画面构成、影调、黑白对比都紧扣着剧情的发展，令人有耳目一新之感，这部黑白片放映时，引起了很大的震动。当然这与导演郑君里的要求也是分不开的。我看了这部影片受到很大的启发。电影是综合艺术，从本质上说是视觉艺术，一部影片必须有一个人来通盘考虑、全面运筹，这个人就是导演，然而如果没有摄影师的创作——画面造型处理，就不能成为银幕形象艺术——电影，而摄影的艺术只有完成剧本的要求，才能体现它的价值，创立自己的独特风格。我从黄老师的几部影片中得到了领悟，并用来指导自己的工作。

在抗日战争爆发时，黄绍芬老师曾冒着生命危险到前沿阵地拍摄了十九路军战斗场面，为我们留下了珍贵的历史资料。中华人民共和国成立后，在解放军军管会领导下，他带领我们拍摄了《上海入城式》，留下了上海人民轰轰烈烈喜迎解放的场面，同时记录了国民党溃退前的种种破坏行径。特别使我不能忘怀的是国民党临逃前杀害了许多爱国人士，在虹桥路上挖出烈士的尸体时，全场大哭。

总之，黄老师不仅在艺术上为我们留下了许多财富，他勤勤恳恳的工作态度和平易近人的品德作风都为我们树立了可敬的榜样。我们永远怀念他！

2011 年 5 月

（本文作者是上海市电影局原党委书记，上海电影家协会原副主席，著名电影摄影师）

五、于无声处——黄绍芬百年诞辰纪念文

◎ 张元民

在电影厂，上下都称呼黄绍芬"黄总"。他毕生从事电影摄影工作，担任过总摄影师、上影总工程师，拍了近百部电影。他创作认真、一丝不苟、技术精湛、待人随和，深受同志们的尊敬和爱戴。

我是在 1976 年接拍电影《于无声处》时接触到黄总的。原来我在海燕厂，他是天马厂的，后来成立上海电影制片厂才归到一个部门的。接拍《于无声处》的任务很紧，全部景搭在摄影棚里，我是新手，经验不足，当时我们摄照小组讨论了采用学习国外墨西哥的布光方法。我没把握，于是拿着方案去请教了黄总，在办公室里他看了我送去的几张纸，我又做了说明，他当时没有表态。第二天下午，他来到 4 号棚，操着浓重广东口音的国语说了几点意见：第一，这种布光方法是打破了传统，除了可以使拍摄进度快点没可取之处，

但你们这个戏可以用，可以大胆尝试。第二，要注意很多灯要往灯板下打到表演区，这样人物投影上背景的问题要当心，投影很多也凌乱，尽量用大点灯，少用灯减少投影。第三，布景上面大面积的白绸布要绷紧，散光的均匀度弄不好，将来影调会有问题。黄总的这一提醒，真是我完成这部戏的关键指导意见。过了几年，黄总告诉我，在我请教他时的那个晚上，他在家里翻资料，看自己拍过的戏曲片的录像，思索良久才到摄影棚来找我的。可见他对新生事物的认真、对学术的认真、对年轻人的扶持和爱护。

20世纪70年代末，黄总担任上影厂总工程师，担子很重，虽然他上了年纪，但还是坚持一大早到厂，很晚才回去。上影厂所有生产的影片，从摄影、录音到剪辑等技术问题，他都要负责。就他认真负责的那个劲儿能坚持下来，真不简单。

一次我去他家汇报工作，闲聊时他说："小张，电影摄影是创作，是一门艺术，摄影师工作不是工匠，技术只是一种手段，是你的工具，我们接一部戏首先要弄懂剧本、弄懂人物、弄懂特定环境，你才能主动。"这是黄总摄影一生的精辟总结。

年过七旬，黄总依然担任着上海市摄影家协会主席，但他还是放不下电影工作，在办公室里趴在灯箱旁，一手拿放大镜，一手握一把六格样片，一张张仔细查看，把握着上影厂所有影片的技术质量。通过那弯着腰的身影，我们看到他对电影事业的热爱，对一批批年轻人独立拍戏的负责和关爱，一种神圣的崇敬油然而生。

黄总，我们永远怀念您。

2011年5月

（本文作者是上海市电影局原副局长，上海广播电视局原党委副书记，上海电影家协会原副主席，著名电影摄影师）

六、黄总，安息吧！

◎ 蓝为洁

今年是我国著名摄影家黄绍芬诞辰100周年，上海影协举办纪念活动是全国影人、影迷心中的一件大事。

黄绍芬除了参加过近百部影片的摄制，还担任过上海电影制片厂总工程师职务。他做事认真负责，我与他的接触比较多，深受他朴实无华的实干精神感染，他给我留下的记忆特别深。

无论大片小片，彩色片或者黑白片，只要是新样片，我通知黄总看片时，他再忙也会准时到，还经常提前到放映室。他看完后有时会提出重放一次，然后对我说一些他的意见，比如"有个镜头中间有光不柔的感觉，运用时注意，不能光看技术质量可以，要看它承上启下的衔接调子……"等，对摄影、用光甚至剪辑方面提出见解。我也是能触类旁通的机灵人，对他的悉心指导当然听在耳里，记在心上，随时取用。当有人说我这个剪辑也懂摄影艺术时，我总要补上一句："都是黄总教我的。"

黄总是我们技术办公室的长者、专家，威信极高，但为人十分谦和。

影片《苦恼人的笑》在摄制过程中磕磕碰碰的事太多，在比较长的一段时间里都是制片许松林直接找我，只要我说摄制的新样片可以，他就叫拆景。可我对有些镜头的质量也把握不大，就去求教黄总，请他把关，他总是非常认真地研究每一个镜头的处理，并提出自己的见解，对影片的成功发挥了积极的作用。《苦恼人的笑》获得了政府奖，导演、制片等摄制组成员一致推荐我赴京领奖。由一名剪辑代表摄制组领奖，这在上影厂还是第一次，我特别高兴。从北京回上海时，我特地写了封信向黄总表示感谢，他却谦和地对我说："你为影片做了很多，代表摄制组赴京领奖是你应该得到的荣誉；至于我，只是尽了小小的力，不值一提。"这就是黄总，他为人谦恭、温文尔雅、待人宽容。

　　黄总，善良的影人们将会永远记住你！将会以你为楷模，把影视艺术提高再提高！你安息吧！

2011 年 5 月

（本文作者是上影集团著名剪辑师）

七、缅怀黄绍芬先生

◎　杨溥涛　尹福康

　　黄绍芬先生是中国电影界和摄影界的老前辈、老领导，我们都曾受过他的教诲和帮助。今年是黄老诞辰 100 周年。虽然黄老离开我们已经 14 年了，但是先生的音容笑貌和儒雅举止仍历历在目，记忆犹存。

　　黄老曾任中国摄影家协会第三、四届理事，中国摄影家协会上海分会主席，上海市文联副主席，上海市摄影家协会主席。从 1962 年 5 月中国摄影家协会上海分会（后改称上海市摄影家协会）成立起，黄老连续三届当选为主席，成为中国摄影家协会各分会中任期最长的主席。

　　黄老是一位敦厚长者。他虽是中国大师级的摄影家，却从不张扬，丝毫没有大师的架子，待人温和，平易近人，受到广大摄影家和会员的敬重。

　　黄老热爱摄影事业，具有强烈的敬业精神。他除了负责摄影协会的工作，还承担许多社会兼职，十分繁忙。可他总是一有空闲就来协会，关心协会的大小事务，数十年如一日。可以说，他是除驻会常务副主席之外到协会次数最多的主席团成员。

　　黄老雷厉风行的工作作风给我们留下很深的印象。他经常利用晚间休息时间给主席团成员打电话，商谈亟须解决的协会工作问题。有时候通话时间很长，我们都担心妨碍他的休息，影响他的健康。有一年中国摄影家协会召开全国会议，会议结束的当天晚上，他就召开上海分会主席团会议，研究上海分会如何落实大会精神，并连夜写出向上海市文联汇报的书面报告，一直忙到深夜。第二天乘飞机返回上海，他下了飞机一刻也没有休息，直接赶到市文联，向文联领导汇报会议情况并呈交了报告。

1978年12月，党的十一届三中全会召开后，他和分会主席团成员立即进行了会议精神的学习，共同研究如何落实全会精神，如何在工作重点转移到社会主义现代化建设和实行改革开放的形势下，立足上海、面向全国、走向世界，使上海摄影事业跻身于全国和国际摄影界的先进行列。

上海是国内外文化交流最为频繁的城市之一，他以七八十岁的高龄积极参与接待中外来宾工作，有时还陪同来宾进行摄影创作活动，增进了上海与国内外摄影友人的深情厚谊。

1986年，第一届上海国际摄影艺术展览在上海顺利举办。上海是继北京之后向国家申请举办国际摄影展的第二个城市。为把这项展事办成高水准的国际性展览，黄老倾注了极多的心血。在筹备和举办国际影展过程中，黄老提出了很高的工作标准，要求只能成功，不能失败。他不顾年事已高，身体力行，满腔热情地带领协会上下高质量、高效率地展开各项筹备工作。他不知疲倦地参与中外来宾的接待工作和影展的评选、展出活动，他忘我的工作精神令人敬佩。这届影展取得了很大的成功，在国内外同行中获得很高的评价，英国路透社还做了报道。

黄老将毕生的精力贡献给了中国电影和摄影事业，直到病重住院，我们去探望，他还惦记着协会的工作，让我们深受感动。

黄老的风范和美德永远留在我们心中。

2011年4月

（作者杨溥涛是上海市摄影家协会原副主席、新华通讯社上海分社原摄影部主任；作者尹福康是上海市摄影家协会原副主席、上海人民美术出版社原副编审。）

八、彩色黄总

◎ 许志刚

黄总，是因为黄绍芬先生曾是上海电影制片厂的总摄影师和上海市摄影家协会主席，所以在摄影界老老少少都亲切地尊称他黄总。

彩色黄总，是因为他是中国拍摄彩色电影第一人，而且特别重视摄影作品的彩色，认真对待工作，他的人生非常出彩。

20世纪70年代，我有幸认识了可敬的黄总。1980年12月26日香港摄影大师简庆福先生在上海展览中心举办摄影展览，我参与了此项展览的一些工作。在展览会期间，我发觉黄总与简老对话最多的是关于彩色照片的制作和色彩处理的讨论。因为当时内地的彩色照片制作还达不到中国香港、日本等地的水准。于是在黄总的关心下，第二年春天，简老请了香港彩色照片制作专家冯汉福先生，由中国摄影家协会与上海分会共同在上海举办了全国彩色照片制作研讨会。与会期间，黄总不顾路途遥远连续几天参加会议，并与大家共同讨论。

1987年夏天，上海摄协组团去日本大阪摄影创作，日本摄影学校组团来上海摄影创作，我有幸随黄总参加了此项活动。活动完毕，每个成员须交四幅作品在大阪和上海展览。我当时负责部分成员彩色照片样子的制作，其中就有黄总的，制作的那几天正是酷暑，黄总不顾炎热连续三次步行到我单位来监制照片的色彩效果，他总是以商量口气提出自己意见，从不摆专家的谱。

1990年，我被选为上海摄协副主席，有幸在主席黄总的领导下参加协会的一些工作。记得当时摄协驻会干部因人事变动，人手缺少，黄总在繁忙的工作中，坚持组织主席团成员每周二上午召开主席团会议，有事大家讨论决定。1991年7月1日，中国摄影家协会与上海摄协在上海举办"上海一日"大型摄影画册拍摄活动，全国各地与上海参加拍摄的人员约200人，上海参加的人员50人。在当时摄影活动极少的情况下，想参加该活动的上海摄影人有很多。为了公平起见、推荐优秀的摄影家参加，黄总提出开主席团会议，以老、中、青结合，少数服从多数原则逐一讨论决定。以后在工作中类似的事很多，黄总坚持他的一贯作风。直到他因病住院，我们去探望他老人家，没说几句，黄总就关心起摄协的工作。我们倍受感动。

今天，我们纪念黄总，纪念他一生追求彩色，纪念他彩色的一生。

2011 年 5 月 8 日

（本文作者是上海市摄影家协会原副主席）

九、摄影大师"黄总"——纪念电影摄影师黄绍芬先生百岁诞辰（节选）

◎ 老老夏

今年（2011 年）5 月底，迎来了我国著名电影摄影师黄绍芬先生百年诞辰，上海电影家协会和上海市摄影家协会等单位联合举办纪念活动。本人有幸参与编辑、设计黄绍芬百年诞辰纪念册，得以进一步了解关于这位摄影大师的一切，更增添了对他的崇敬和钦佩。

当年我刚进上海电影制片厂工作的时候，偶尔会在上影那幢黄色的老楼走廊里遇见黄绍芬先生，他永远将头发梳得"唰唰齐"，衣服穿得"笔笔挺"，皮鞋擦得"锃锃亮"，永远带着笑容，和现在那种故意摆酷、故意不修边幅的"艺术家"气质完全不同。上影的摄影师，包括他的学生辈，重视仪表整洁的大有人在，不知是否潜移默化受了他的影响。别人都称呼他"黄总"，开始我还不太理解，因为这个"总"字那时很少听到，后来才明白，他是上影总摄影师、总美术师、总录音师"三总"之一，还是管技术的总工程师，上海市摄影家协会的好几任主席。于是，这位"黄总"在我心中就充满了神秘色彩。

等我成为《上影画报》的编辑，得知黄绍芬先生的经历——出自广东中山，

14 岁从影，19 岁就开始独立掌镜，以《故都春梦》《野草闲花》《恋爱与义务》《桃花泣血记》等片崭露头角。后来又拍了《三个摩登女性》《母性之光》等左翼进步电影，还上前线拍摄了"一·二八事变"中十九路军英勇杀敌的珍贵镜头。抗战胜利后，他在上海文华影业公司任摄影指导兼技术部主任，拍摄和指导拍摄了《假凤虚凰》《太太万岁》《夜店》《艳阳天》等片，中国第一部彩色戏曲片《生死恨》和新中国成立后的第一部彩色电影《梁山伯与祝英台》也都出自他手，而《女篮 5 号》《林则徐》《聂耳》《枯木逢春》等片，则显示出他的摄影技艺愈发炉火纯青……"黄总"这两个字在我脑中就成了偶像的代名词。

自学成才的典范

黄绍芬能进入影坛是被民新影片公司经理黎民伟看中，从香港带到上海，在《木兰从军》中扮演花木兰的弟弟，还充当花木兰的替身，完成那些飞檐走壁的危险镜头。志向远大的黄绍芬并不满足于在银幕上跑龙套被冠以"童星"，而把兴趣转向摄影方面，并决心赶超国际。

上影的文学编辑姜思慎曾在 1982 年第三期《上影画报》上发表过一篇文章，披露了黄绍芬早年刻苦自学摄影技术、艰难成才的秘密。当年黄绍芬向黎民伟提出要学摄影，黎民伟满口答应，但并没落到实处，可能以为黄绍芬也就是心血来潮说说而已。那些摄影师也只是让他在现场干干杂活，根本不让他碰摄影机，这也可以理解，教会徒弟饿死师傅嘛！黄绍芬只能像旧中国所有的学徒那样，凭自己的聪明用心"偷师"，把摆机位、布灯光、用光圈这些门道暗记在心。可是做一个摄影师最关键的难点在于，当时的摄影机没有马达，要用均匀的速度手摇拍摄每秒 16 格画面，这只能靠苦练才能达成。黄绍芬发现，放映机上也有一个用来装片子的摇手柄，不由大喜，就用放映机代替摄影机，偷练手摇匀速技术，一摇就是几个小时，只练得头晕眼花、手臂酸痛。好在黄绍芬年轻力壮，平时又极其喜爱体育运动，什么游泳、打球、骑马，每一样他都冲在头里，所以他把练手摇技术也权当锻炼身体了。然后，只要有放片子的机会，他总是主动承担，放弃电动马达，手摇放映。放映员不明白他何以突然对这个苦差事大感兴趣，等到发现其中的奥秘，黄绍芬的手摇技术已经非常过硬了，同仁们都惊叹不已，黎民伟则终于让他正式掌机拍片。

唯美主义的楷模

圈内人都说，黄绍芬在摄影上崇尚唯美主义。的确是这样，在他的镜头里，阮玲玉、陈燕燕、李丽华、陈云裳等女明星往往比她们本人更美丽，而这仅仅是他最基本的追求。

晚年的黄绍芬在接受电视台采访时曾说过一段名扬影史的佳话：1929年由朱石麟和罗明佑编剧、孙瑜导演的《故都春梦》，是黄绍芬担任电影摄影的处女作。主演阮玲玉演技很高，可是导演孙瑜感到美中不足的是她脸上有病愈后留下的斑点，便问黄绍芬有没有办法解决。经过几天的冥思苦想和几次三番的试验，黄绍芬终于找到了一种土办法：他用女士穿的黑色玻璃丝袜包住摄影机的镜头，效果等于加上一块浅黑色的柔光镜，出现在画面中的阮玲玉脸上果然不见了瑕疵，美丽绝伦。阮玲玉自从主演《故都春梦》以及其他几部孙瑜导演的电影后，上了一个台阶，红极一时。民新公司也陡然崛起，很快扩成联华影业公司。这不能否认黄绍芬的摄影成就也是其中不可或缺的重要因素。

银幕绘画的追求

《林则徐》《聂耳》《枯木逢春》三部电影是黄绍芬后期的代表作，集中体现了他的摄影理论和风格追求，这就是在写实的基础上，更多地融入主观色彩。

他曾经专门总结了拍摄这三部电影的体会：根据剧本的思想内容决定艺术表现形式，运用光影、色彩、气氛造成总的色调，反映出影片所表现的时代本质与特征。再进行具体分场设计，使镜头画面既具有贯穿始终的统一，又具有每个不同场景的变化。就像一幅好的美术作品，既有总的色调气氛，又有色彩斑斓的局部，主次分明，虚实相宜。

这三部完成于20世纪50年代末、60年代初的作品，在人物塑造，气氛渲染，用光、用色以及镜头的选择和调度等方面，都达到了炉火纯青的程度。业内甚至把《林则徐》（1958年底上映）和《聂耳》（1959年初上映）这两部佳作誉为"红烧头尾"。

……

无论艺术上还是生活中，黄绍芬都堪称绝顶认真、一丝不苟，他当一天电影摄影师，就必定要拍好每一个镜头；他当一天"黄总"，就坚决不让也学电影摄影专业的儿子走后门进上影厂；他当一天上海市摄影家协会主席，就必定会积极参加每一次相关的活动。只要他还能行动，就不会放下手上的机器，摄影机拿不动了就换照相机，而被他定格的画面必定带有电影的感觉，甚至有着故事情节。

（夏瑜，笔名老老夏，《上影画报》原主编。本文原载于2011年5月25日上海《文汇报》）

十、黄老，一位让我终生难忘的协会领导

◎ 谢荣生

今天，在隆重庆祝上海市摄影家协会成立50周年之际，回想起协会在我的成长过程中给予的热情帮助和全力指导，历历在目而又难以忘怀。老主席黄绍芬老师更是对我们会员倾注了饱满的热情与无私的爱心。

记得1988年下半年，在第六届上海市人像摄影艺术展览的开幕式上，黄绍芬老师走到我身边，亲切地对我讲："小谢，现在我们国内专业的商业摄影展览比较少，你在人像摄影、广告摄影方面拍了不少好的照片，应该带

头举办一个个人摄影展，就由我们协会主办，如有困难可与我们商量。"听了前辈大师的一席话，让我激动不已，信心倍增。回去后我就着手个人影展的准备工作。

正如黄老所讲，在个展的筹备中困难不少，协会秘书处与黄老都给了我极大的帮助与指导。首先，在作品的选择方面面临了困难，数以千计的作品如何取舍？黄老逐一观看了我的作品小样和底片后，为我精选了120幅作品，其中人像摄影作品60幅，广告摄影作品60幅，黄老风趣地说："这叫六六大顺嘛！"

作品选好后，如何起一个展名又让我犯难了。黄老略加思索后说："就叫'职业摄影家谢荣生作品展览'吧，国际上流行将专业人像摄影师与广告摄影师称作职业摄影家，你看怎么样？"我当然说可以！令人意想不到的竟是，过了两个多星期黄老让人送来了展览题词，打开一看，一幅是时任上海市主管文艺的副市长刘振元题写的"职业摄影家谢荣生作品展览"展名的书法作品；另一幅是上海市委老领导夏征农为个展题写的"新兴艺术之花"的书法作品；还有一篇是黄老署名的展览会前言。看到领导的题词与展览前言，我顿时热血沸腾，心情久久不能平静。黄老作为我国电影界、摄影界的元老级大师，为了扶持和激励我这样的摄影工作者，竟是如此的热情与细致，其中的辛劳不言而喻。

在展览的场馆落实与安排上，黄老首选的是上海美术馆，他说："谁说人像摄影、广告摄影不登大雅之堂？你的个展就要放在上海最好的市级美术馆展出，美术馆在南京路上。看的人多影响就大！"但美术馆每天一万元的场地费也确实令人望而却步。黄老就再三叮嘱协会秘书处的同志："以协会名义与美术馆商量一下，请他们支持谢荣生同志的个人影展，四天时间就收一万元吧！"这对我来说如释重负，让我向上级领导申请费用的压力一下子减轻了许多。

每每想起我的首个个展的顺利举办，脑海中总会呈现出黄老慈祥可敬的音容笑貌，以及协会全体工作人员平易近人、热情服务的亲切身影。我庆幸自己遇到了一位好领导，他让我终生难忘！我也庆幸自己参加了上海市摄影家协会，它让我自豪而又充满自信。

（本文作者是中国摄影家协会会员、上海市摄影家协会副主席。本文摘自《上海市摄影家协会成立 50 周年回忆文集》）

十一、忆与黄绍芬老师相处的二三事

◎　祖忠人

1980 年 2 月，上海市摄影家协会与上海电影家协会联合在上海展览中心举办"中外电影剧照展"，此展览是在改革开放之风刚刚在中国大地掀起之时举办的，所以吸引了众多上海市民踊跃参观。担任这次展览会总设计、总指挥的是刚恢复工作的上海摄协主席黄绍芬，而我是从基层调入市文联工作不久的摄影新兵，主要做一些摄影翻拍、制作、放大等展览的筹备工作。这个阶段，我与黄老师有了较多的接触机会。

由于前期工作比较繁重，所以每天从早要干到晚，甚至是半夜才能回家。七十多岁的黄绍芬老师始终与我们在翻拍现场。他对每张剧照翻拍中的灯光布置、曝光参数大小都一一过问，他说摄影翻拍尽管不能达到原照的效果，但如果布光合理、曝光正确，就可以接近原照的效果。所以在翻拍每张照片时，他总是拿着测光表对每个受光面进行测量，然后适当调整光亮度。在工作时，他还时常给我们讲述一些照片背后的趣闻和轶事，使我一个刚踏入文艺队伍的新兵受益匪浅。

因这次"中外电影剧照展"在社会上产生了很大的影响，1986 年 6 月就开始筹备"上海电影剧照展"，计划把上海从 1913 年开拍第一部故事片后，每个历史时期拍摄的优秀电影用剧照展的形式进行展览。

由于历史原因，新中国成立前的电影史料存世很少，得知上海作家协会图书资料室尚有一批十分珍贵的早期电影资料，我和黄绍芬老师两人每天到资料室内一边翻阅，同时用翻拍机进行翻拍。时值上海7、8月炎热酷暑季节，当时空调机不像今天那样普及，有一台电扇相伴已是不错的条件。在一大堆霉味浓重，甚至有的已被虫蛀的资料中进行工作，可想而知条件十分简陋。为了保证翻拍效果，电扇还必须停开。

整整一个月，他每天准时来到作协资料室，非常仔细地翻阅每本资料、每张图片。有一次突然发现他用一种沉重的心情长叹了一声，还不时用手绢擦着眼睛，我一看，原来他手中拿着的是一本1935年女影星阮玲玉含冤自杀事件的专辑特刊。许久他对我说了一句："阮玲玉是个好演员，追悼会我在场，有些照片还是我拍的。"接着他把阮玲玉自杀前写的"人言可畏"遗嘱认认真真地抄写了一遍，他说让自己再仔仔细细回忆旧社会影坛那段不平凡的经历。

在1988—1989年与黄绍芬老师合作相处将近一年多的时间里，我参加了由白杨主演、岑范导演、黄绍芬担任总摄影的电视连续剧《洒向人间都是爱》剧照的拍摄工作，能与艺术前辈朝夕相处，共同生活和工作。这段经历使我终生难忘。

在电视剧整个摄制工作中，我始终在黄老师左右，他的一招一式、一举一动都使我亲身感到他对艺术创作精益求精的态度。在黄老师的摄影艺术生涯中，曾塑造过许多光彩照人的艺术巨匠的形象，这次是他与白杨的首次合作。他经常对我说，摄影师对光影和色彩等手法的运用，主要目的在于塑造人物形象。

确实在拍摄电视剧时，围绕白杨扮演的宋庆龄这个伟人形象，他在取景、用光等方面真正做到了精雕细刻、一丝不苟。记得有一场戏是在故居内拍摄的，孙中山先生刚逝世不久，时局十分动荡，宋庆龄坐在窗前的藤椅上，表情十分安然，内心却万分焦虑。为了拍好这组镜头，他亲自调度灯光照明的位置和每个光源的亮度，有时还跑到灯位上调整灯光的高度和角度，或者为了一些光源微小的变化，去添加不同色温的滤色片。短短几分钟的戏，一共来回拍了四遍，直到在电视监视器回放这段戏时，大家都一致表示演员表演到位，画面整个气氛影调也十分到位才算完成。

事后我从灯光师傅的口中得知，当今拍摄电视剧一向是短平快，而像黄绍芬老师拍电视剧像拍电影一样仔细、讲究、锲而不舍、丝毫不马虎，已不多见了。我为能与一位严格按艺术规律去创作，向经典作品去努力的老艺术家在一起共事，并学到真正的本领而感到自豪和欣喜。

（本文作者是中国摄影家协会会员、上海华侨摄影家协会副主席、上海市文学艺术界联合会专职摄影师。本文摘自《上海市摄影家协会成立50周年回忆文集》）

十二、执着追求　自强不息——黄绍芬摄影生涯六十年

◎　徐介华

初春三月，春意盎然。在刚刚揭幕的上海电影剧照展览会上，蜚声影坛的老摄影家黄绍芬久久凝视着一幅幅光彩夺目的剧照，思绪万千。回忆的镜头再现了他从影六十年所走过的足迹。

1911年，黄绍芬出生于广东省中山县一个濒临破落的封建大家庭。自幼与母亲相依为命，在家乡求读小学、中学。1925年，14岁的黄绍芬由于生得活泼可爱、体魄强壮，被民新影片公司经理黎民伟看中，先后在《木兰从军》《西厢记》等多部影片中担任角色。"童星"黄绍芬就此脱颖而出。当时，黄绍芬虽然受到电影界的注目和重视，但他那颗好强心却被另一种现状苦扰着：当时，英美影片充斥中国市场，国产影片水平低，尤其是在拍摄技巧上更无法与外国片匹敌。民族自尊心和责任感驱使他毅然向黎民伟提出要学照明、洗印和摄影技术。当时，摄影机还没有马达驱动，为了准确地掌握手摇摄影机，他常昼夜不停地用放映机替代摄影机，苦练不止，直到准确无误。正是那种执拗的、自强不息的精神点燃了他智慧和勤奋的火焰，他的摄影技术猛进。1930年，由朱石麟、罗明佑编剧、孙瑜导演的《故都春梦》

是黄绍芬的摄影处女作。在《故都春梦》中饰演女主角的阮玲玉虽然表演造诣很深，但她的面部有病症后遗的斑点。潜心钻研摄影技艺的黄绍芬经过反复试验，大胆地开创了在镜头前加纱的先例，终于弥补了阮玲玉的缺陷。时年19岁的黄绍芬声誉大振。值得一提的是，黄绍芬在1930年第一次担任摄影师时，从画面构图、照明用光等方面曾受到美籍华人摄影大师黄宗霑的悉心指点和帮助，受益匪浅。自《故都春梦》后，黄绍芬相继拍摄了《野草闲花》《恋爱与义务》《一剪梅》《三个摩登女性》及《母性之光》等一系列影片。这些影片在摄影艺术上更加成熟，并且都有出色的创造。夏去秋来，通过田汉、聂耳、于伶等一些进步文艺工作者的指引和介绍，黄绍芬逐步走上了革命文艺的道路。

新中国成立后，党和政府为黄绍芬提供了充分施展才能的机会。1953年，在技术条件、器材设备十分简陋的情况下，黄绍芬担任了我国第一部彩色戏曲故事片《梁山伯与祝英台》的摄影师。在陈毅市长的亲切关怀及夏衍同志的直接过问下，影片终于拍摄成功了。周恩来总理还亲自把这部影片带到日内瓦会议上去放映，在国际上赢得了声誉。1954年该片在第八届卡罗维·发利国际电影节获音乐片奖；1955年在英国获第九届爱丁堡国际电影节映出奖；1957年获中国文化部优秀影片一等奖。黄绍芬还多次与已故著名导演郑君里和著名导演谢晋、王革合作，先后拍摄了《聂耳》《林则徐》《枯木逢春》《女篮5号》《霓虹灯下的哨兵》等优秀影片。1961年担任上海天马电影制片厂总工程师后，他致力于全面掌管全厂摄影、录音、特技等部门的行政事务，负责全厂影片的技术质量及对青年的培养。1980年他重操摄影机，与导演傅超武合作拍摄了彩色神话戏曲故事片《白蛇传》，获文化部优秀舞台艺术片奖，1982年又获《大众电影》"百花奖"最佳故事片奖（戏曲片）。在海内外享有盛誉的黄绍芬在他60年的摄影艺术生涯中，拍摄了近百部影片，为新中国银幕塑造了众多的典型形象。他经验丰富、技艺精湛，无论在人物塑造、气氛渲染、用光、用色以及镜头的选择和调度上都达到了炉火纯青的程度。风格独具，构图质朴、光线运用大胆，光影运用得干净利落，层次分明、笔触工整细微，注意刻画人物，是黄绍芬独特的摄影艺术风格。

黄绍芬现任中国电影家协会理事、文化部电影局技委会委员、上海市文联副主席、中国摄影家协会上海分会主席，上海市政协委员、上海电影总公司顾问等职。1981 年应法国"电影国际沙龙"的邀请，前往参加"中国摄影艺术展览"。1983 年又赴纽约等地考察访问。所到之处，均受到国外同行们的热烈欢迎和高度评价。岁月流逝，年逾七旬的黄绍芬宝刀不老，仍在自己的人生之路和摄影艺术之路上执着追求，自强不息。

（本文原载于《中国银幕》1986 年第三期）

十三、为摄影事业奋斗了一生——记摄影大师黄绍芬

◎　陈清泉

黄绍芬十分注意自身的形象，在任何时候、任何环境中，他的衣着都十分得体，头发也一丝不乱，被人们誉为"三光"中的头一光。所谓"三光"就是指天马厂副厂长杨师愈、摄影师沈西林与黄绍芬三人的头发总是光而亮，总是梳得整齐而妥帖。他们都给人以风度翩翩的印象。

后来，黄绍芬被任命为上影厂的总工程师，我也负责了厂的部分领导工作，我们在一起商量事情的机会多了起来。

我调进上海市文联主持主席团工作时，黄绍芬是摄影家协会主席、文联副主席，因而我们的合作关系进入一个新的境界。年近八旬的他，依然以矫健的步伐奔走在摄影战线，筹划着上海摄影事业的发展。他与他的部下一起，曾率先举办了国际摄影展而名震海内外，并团结了一批国际上的著名摄影家。那时的他，依然是穿着一丝不苟，举止温文尔雅，头发一点不乱。他从容地主持摄影展的开幕式，满面笑容地与外国友人一一握手，谁也不相信他已受到癌细胞的攻击。

我们都担心他的身体状况，甚至在暗中限制他的行动。但这位八十多岁

的老头，以乐观主义的精神，战胜了癌细胞的扩张。直到他自己已经知道他的病到了晚期，仍未完全放弃他从事了一生的摄影事业。

（本文作者是上海市文学艺术界联合会原党组书记、上海市电影局原副局长）

十四、《枯木逢春》外景队在苏州——电影外景队随行记

◎ 徐　华

海燕电影制片厂拍摄的农村新片《枯木逢春》已经在10月中旬开拍。这部影片是在话剧舞台戏的基础上改编的，根据电影的特点，剧本又经过三番五次的修改。改编过程中，自有关血吸虫防治工作领导部门，到摄制组的每一个同志都提供过意见，使剧本更臻完善。影片的主题思想是以党和毛主席关怀人民健康为主线，通过对血防站长罗舜德这个人物的塑造，体现党对人民的关怀。最近，摄制组刚从绍兴回来，又匆匆奔赴苏州去了，他们在光福镇上建立了外景工作的基地，绝大部分外景就将在那里拍摄。这里记下的是一些开始拍外景时的见闻。

（一）行春桥畔 拍摄重逢场面

光福镇离苏州约60里，我们乘上汽车从苏州出发，预备就在沿途选择外景地点。

出胥门，汽车沿公路飞驰，举目可见冈峦起伏，山、水、寺、塔如绕车倒行。车行十里，来到了上方山，山上有楞伽寺，一塔高七级；山脚下是一望无垠的石湖，湖上横跨一九洞石桥，叫作"行春桥"。导演郑君里、摄影师黄绍芬、美工师韩尚义以及场记、演员等都下车来到桥边，他们各拿出取景器遥望远

山塔影。按照戏的要求，将在这里拍摄方冬哥在苦难中离别十年后在双塔乡与苦妹子重逢的场面。其中之一是冬哥、苦妹子和方妈妈在这石桥上遥望十年后变了样的双塔乡。为了使影片更加接近农民的习惯，这个镜头将在影片里出现几次，以给观众留下深刻的印象。导演告诉我："这种做法，不过是想尽量把影片拍得群众化一些，使农民容易看懂。这种'十八相送'的形式，本来是戏曲里常见的，现在试着把它用到电影里来。"摄影师、美工师也在一块研究画面和放置摄影机的地位，根据太阳的方位来预计拍摄的时间。在这里，导演、摄影、美工三个创作部门要实现他们想象的统一的画面。

（二）天平山脚 拍方妈妈找药

汽车又出发了，郑君里坐在汽车后面，默默地观看公路两旁的大好景色，他只要一发现好地方，就停车下来观看。我们来到了天平山，东北山脚下是著名的范墓。到处古松参天，按照导演的意图，将在这里拍摄方妈妈为苦妹子找药的一场戏。为这个镜头已经一连跑了四个地方，都不能符合戏的要求，最后才确定在没有找到更合适的地方以前，就在这里拍摄这一外景。

（三）江南水乡 到处是好风光

提到拍外景，韩尚义告诉我说：要找一个理想的外景镜头是不容易的。拍《枯木逢春》，根据戏的要求，应该尽量把农村片拍得美一些，而且要具有江南农村的特色。因此，早在今年3月就开始了找外景的工作。江南的农村到处都是好风光，究竟什么地方更符合戏的要求呢？于是他们跑遍了绍兴、杭州、南京、无锡、苏州、青浦等地方，最后才确定了光福比较合适，因为这里风景优美，交通方便，并具有江南水乡特色。处所确定了，还得根据每场戏的不同情况寻找拍摄地点，并要根据具体情况和要求，确定每一个镜头的摄影机安放的位置、拍摄的时间……决定一个拍摄的地方，常常要跑四五次，等到导演、摄影、美工三个部门都同意以后，才能最后确定。

曾经有人羡慕过电影工作者们可以游山玩水，其实，他们在"游山玩水"

中，志不在山水，而一心只在艺术镜头上的苦心雕琢。尽管我们在影片里看到的画面不过是一闪而过，但就这么一刹那，也是经过艺术创作者们精雕细琢的结晶。一部具有五六百个镜头的影片，可以想像工作者们将要付出多少精力。

（摘自 1960 年 11 月 1 日《新民晚报》）

十五、《枯木逢春》回忆片段

◎ 韩尚义

《枯木逢春》是我与导演郑君里、摄影师黄绍芬合作拍摄的第三部电影。当时，我们正酝酿将白桦编剧的《李白与杜甫》搬上银幕，后因故未成，于是把目标转向了《枯木逢春》。《枯木逢春》原是华东话剧会演的优秀剧目。由王炼编剧，电影改编仍由他出马，由此开始了我们的创作历程，时光虽然已经逝去 30 多年，不少难忘的片段仍不时在脑海浮现。

（一）上官云珠下稻田

20 世纪 60 年代初，电影界很重视创作人员体验生活，大家满怀激情、兴致勃勃来到青浦郊县下生活，当天就与当地农民打成一片，有的同吃同住，有的促膝谈心，有的嘘寒问暖。演员中有名气很响的上官云珠（饰方冬哥的母亲）、蒋天流（饰妇女队长）、胡思庆（饰刘医生），不少人老远赶来看电影明星。他们知道要拍有关消灭血吸虫病的电影，人人都有满腹的话儿要说，有的拉住上官云珠倾诉全家三代人深受血吸虫病害的苦楚，有的陪同蒋天流去参观血防站，有的还误以为胡思庆真的是毛主席派来的医生，恭请他看病开药方。

正如毛泽东诗篇《送瘟神》中写的：华佗无奈小虫何？血吸虫钉螺虽然

小得难以发现，可是对人的危害极大，得了此病九死一生，民谣把患者描绘为"芦柴爿的身子黄金瓜的头，西瓜的肚皮丝瓜的手"。走进任屯村，景象萧条，壮年男人几乎没有，瘦骨嶙峋的老人、孩童也有不少挺了个大肚皮露出茫然绝望的神情。此情此景，深深打动了我们的心，也倍增了我们拍好此片的信心。

上官云珠戏好，感情也非常丰富，她一下生活就沉入到自己的角色中，找了好几位与角色类似的乡村大妈，了解家史观察神情，往往边听边动情，眼泪扑簌簌往下掉，产生了强烈的心灵共鸣。她演过不少贵妇、小姐，演农村大妈却是头一回，于是，学农活成了她生活的必修课。天天可见她扎一块蓝底白花的包头巾，腰系围兜，不是学做针线活，就是学走村妇的八字步，一扭一拐，活灵活现。正逢插秧季节，她又与蒋天流一起，挽起裤脚管，赤足下稻田，与乡亲们干得欢。难怪，她演的冬哥妈获得了交口赞誉。

（二）尤嘉锦上添花

当剧本定稿的时候，男女主角方冬哥和苦妹子的扮演者还未选定，郑君里又要赶赴捷克斯洛伐克参加卡罗维·发利国际电影节，接受《聂耳》的奖项，他只得委托副导演智世明寻找"苦妹子"和"方冬哥"。

几经周折，终于在大学生文艺汇演时找到扮演苦妹子的尤嘉和扮演方冬哥的徐志骅。他俩都不是专业演员。尤嘉是体育学院学生，擅长平衡木与自由体操，长相灵巧，人也挺聪颖，在汇演的舞台上表演一出舞蹈，很亮丽很出彩。徐志骅则与电影距离更远，他是交通大学理工科学生，为了凑热闹在汇演中演了一出小话剧，普通话也不正宗，只因形象帅才被选中。到了青浦下生活，他俩还不知道拍电影究竟是怎么回事儿。

一张白纸能画出最美的画。尤嘉和徐志骅虽然不懂表演，但刻苦好学，他们表演上拜老演员为师，创作上向生活学习。尤嘉和徐志骅进入角色的头一课便是学农活。尤嘉一身乡村姑娘打扮，挑水、割稻、烧灶火，样样都悉心学；徐志骅则穿上了工装裤学开拖拉机，好在他是工科大学生，学这活计驾轻就熟，鼓捣了几下就能驾机满村跑。

郑君里从国外归来，见到苦妹子与方冬哥，当即让他们试演了几段小品，对他俩的形象、气质没有异议，只觉得尤嘉的门牙不整齐，上了镜头不漂亮，便请来牙科医生为她矫正。过了几天再见尤嘉，果然更加漂亮。郑君里连连称道："尤嘉尤嘉，锦上添花！"尤嘉这才改了名，原来她的本名叫尤赐旗，叫起来很拗口，又少了点艺术性。后来，《新民晚报》上刊登谜语，谜面为"尤嘉"，谜底则是"锦上添花"。

（三）《清明上河图》的启示

《枯木逢春》对电影如何民族化做了有益的探索。郑君里、黄绍芬和我都很喜欢国画，我们购来一幅宋代画家张择端的名作《清明上河图》，细细揣摩：那包罗万象的长卷构图，那五彩缤纷的江南景色，那生动活泼的民俗民风，像一个个横移镜头展现于我们面前，给予我们众多启示。黄绍芬思考的是：《清明上河图》用的是黑白线描，画面却丰富多彩，富有层次；《枯木逢春》拍的虽是黑白片，该如何拍出色彩的韵味？我从《清明上河图》中找到了《枯木逢春》美术设计的纲：山、水、田。以美丽的山、流淌的水和绿油油的田来突出江南特色。郑君里则尽力把《清明上河图》的长卷式构图化为自己的导演构思，提出了"三破"：破"公式老套"，破"自然照相"，破"舞台习气"，反对谁说话拍谁的"切豆腐"式的分镜头，反对"捡到篮里就是菜"的平铺直叙的场面调度，尽心发掘为人们喜闻乐见的新手法，像《清明上河图》那样，任凭截取哪一段画面，都有戏可看有东西让人回味。

影片序幕如何表现新旧社会的鲜明对比？我们借鉴了《清明上河图》的表现手法，以横移镜头展示旧社会"千村薜荔人遗矢，万户萧疏鬼唱歌"的凄凉景象。这场序幕没有几个镜头，却要包含很多内容：方冬哥全家逃荒，冬哥爹身患血吸虫病即将断气，一家两代人悲恸欲绝。如何让冬哥爹死得感人？我们煞费苦心，好不容易找到苏州光复的外景地，这儿有古塔、凉亭，又有枯树乌鸦飞，前景布置了死柳、枯木、芦花、断墙，又在凉亭上缠了蜘蛛网。这片蜘蛛网是用黑线一针一针编织而成，可谓精雕细刻。扮演冬哥爹的演员钱千里进入角色，准备大悲大恸地"死"一回，郑君里斟酌再三，实施构思了足足三天的拍摄方案：以方老爹脚上的两只鞋底为前景，用低角度拍摄他临终前的瞬间，方老爹断断续续地说："我……我不行……"人一断气，两脚必然分开，随着悲切的二胡声，方妈妈与冬哥失声痛哭，镜头由近拉远，呈现一片"千村薜荔人遗矢"的萧瑟景象，至今令人难忘。

（四）苦妹子"十八相送"

郑君里常说："电影是外来艺术，要拍出富有民族特色的中国电影，我们应该向祖国丰富多彩的传统艺术学习。"拍《聂耳》《林则徐》是如此，拍《枯木逢春》，我们也是这么做的，创作酝酿阶段，我们看了不少地方戏曲，如京戏《拾玉镯》、昆曲《拜月亭》、湖南花鼓戏《兄妹开荒》，从中汲取养料，丰富自己的创作。

人们常说，诗中有画，画中有诗。王实甫的《西厢记》长亭送别是"碧云天，黄花地，西风紧，北雁南飞"。李清照写愁情是"梧桐更兼细雨，到黄昏，点点滴滴"，都有含蓄隐秀，情景交融的艺术效果。我们在《枯木逢春》中也尽情创造这种意境。苦妹子漏夜带病搓草绳，心中惦念方冬哥。夜深人静时，方冬哥悄悄敲门，苦妹子却闭门不纳，生怕连累心中恋人。一个在门外，一个在门内，镜头移动侧拍，把门内门外二人的复杂心情表露得十分含蓄——冬哥依门期盼，苦妹子涌出泪花。月光清澈，竹叶碎影，此时无声胜有声。这场戏获得好评，君里说："这是我从戏曲《拾玉镯》里孙玉姣和傅朋隔壁谈情中得到的启发，如果把二人分隔成两个画面来拍，那就索然无味了。"

传统越剧《梁山伯与祝英台》里的"十八相送"脍炙人口，以浓彩奇笔渲染梁、祝的纯真爱情。《枯木逢春》中也有苦妹子的"十八相送"，她与方冬哥分别十年又重逢，情意绵绵，喜上心头，他俩一会儿走过碧波荡漾的池塘，一会儿走过新绿报春的柳村，一会儿走过错落有致的石桥，一会儿又走过蛙声阵阵的水田……镜头时而仰摄苍翠林木，湛蓝云天；时而俯摄湖畔鸭群、水中倒影，产生一种抒情意味，又升出一种"十八相送"的联想。当他们在方妈妈那里欢聚共餐后，心境顿变，由喜转忧。回来的途中，景物依旧，感觉全非，同样的小溪、垂柳，同样的石桥、小路，一下子变得如此暗淡，就像《梁山伯与祝英台》中的"回十八"，在不断的重复与强调中，把人物的悲喜跌宕淋漓尽致地表达了出来。

君里十分注重细节，而种种细节又富于地道的民族特色。戏中方妈妈请苦妹子吃饭，君里关照道具员一定要选一只朴素的青花瓷盘。当苦妹子将盘子洗净，盘底显出一对鲤鱼图案，使人感到有趣而亲切，既有江南风味，又有欢庆团聚的喜庆氛围。另一个细节：一朵白绒花。君里看话剧时觉得苦妹子头上那朵白绒花没有戏，拍成电影应该充分展开：当冬哥在柳堤边拾起苦妹子掉在地上的白绒花，"你给谁戴孝？"从小白花带出苦妹子的命运。当方妈妈偶尔从冬哥的书本中翻出这朵白绒花，又促使她老人家因为害怕血吸虫病，决意要离开双塔乡，从而推动了戏的发展。

（五）郑君里的"十二大板"

君里对戏的"挖劲"是出了名的，他常说："一个导演一方面从剧中吸取创造的力量，一方面也需调动自己的生活积累和知识财富，就像矿工挖掘矿藏那样深挖深掘，才能找到稀有金属。懒惰的蜜蜂是酿不出好蜜的。"他自称不是一个聪明人，更不是天才，有时连几个通宵也想不出一个新构思。可他就凭着一股牛劲，凭着刻苦用功，拍出一部又一部好戏。

话剧《枯木逢春》有一场戏是毛主席关怀血吸虫病来到一个小县了解情况，舞台并没出现毛主席的形象，只通过剧中人物打电话的动作与激情来表达，给人以丰富的联想。如何把这场戏电影化，拍得更动人。按照郑君里的话说是"提高这场戏的含金量"。我记得拍这场戏之前，君里像热锅上的蚂蚁在外景地团团转，见了熟人不说一句话，冥思苦想到了废寝忘食的地步。他设计过许多方案，都自我否定，后来，在评弹传统曲目《珍珠塔》中的"七十二个他"中得到启发，决定在"反复渲染"上做文章，先拍十二个家家户户开门开窗，仰首遥望的镜头，又拍了十二个苦妹子和乡亲们一起奔到村口桥上凝视县委大楼的镜头，不同的景和人，不同的窗和门，不同的镜头角度，一个个跳跃着重复着表现一个内容——想念毛主席，感谢共产党。这种以景托人、借景抒情的手法，使这场戏的思想性和艺术性结合得很好，寓意深远，回味无穷。记得拍这场戏那天，正值世界乒乓球赛进入高潮，徐寅生大战日本选手星野，创造了"十二大板"扣杀的纪录，一板又一板，仿佛完全是重复，但是，力量一次比一次强，作用一次比一次大，取得了最后的胜利。君里拍苦妹子的十二个镜头，虽然镜头地位变化不大，但是画面一次比一次近，节奏一次比一次强，人物的情绪也越来越激昂。大家把这场戏也冠之以精彩的"十二大板"。

（摘自 1996 年第七期《上影画报》）

后 记

　　2011 年 3 月，为举办黄绍芬百年诞辰纪念活动，上海电影家协会和上海市摄影家协会要制作一本纪念册，希望我提供一些有关父亲的照片。

　　父亲从事摄影工作一辈子，确实留下了不少各个时期的工作照和生活照。以前忙于工作，我对此没有太多留心。为了完成两家协会的任务，我第一次着手搜集整理有关父亲的照片资料。由于纪念册篇幅有限，当时仅选用了四十几张工作照和影片剧照。

　　同年 5 月，黄绍芬百年诞辰纪念活动在上海举办。当父亲生前的好友和上影厂同事看到纪念册，一致认为这些照片弥足珍贵，鼓励我应该继续把更多照片整理出来。7 月，父亲家乡广东中山举办"郑君里、黄绍芬百年风华图片展"，我也提供了照片，得到与会嘉宾的赞誉。

　　父亲从艺 70 年所留下的照片，从黑白到彩色，时间跨度很长，既记录了他个人的从影印迹，也浓缩了现代中国电影的发展史。父亲留下了近千张照片，我深知其价值。作为儿子，我有责任保存好它们。首先，我按照年代归类，再把纸质照片转换为电子数码文件。为此，我购买了扫描仪，将照片一一扫描复制。由于年代久远，不少照片存在破损褪色的情况，于是我又学习了 PS 修图技术，把每一张照片都进行了仔细的修复处理。经过几年边学边做，这些旧照片终于褪去时代留下的尘埃，旧照换新颜。

　　由于父亲生前忙于工作，很少和我们谈工作上的事情，我对照片上的"故事"知之甚少。幸亏父亲是个很仔细的人，在不少照片后面写上了拍摄日期和少量文字表述，为我的考证工作提供了切实的线索。

为了进一步核实照片里的内容，我请教过上影厂父亲的多位同事。2013年，我又专程去香港，走访香港电影资料馆，拜访了黎民伟的儿子黎锡先生，进一步了解20世纪30年代父亲在联华影业公司的工作情况。我还到图书馆查阅资料，从热衷收集影人资讯的朋友中收集信息，阅读父亲留下的与他有关的报刊、书籍，并扫描转化为电子数码文档。经过十年的努力，我终于完成了父亲图文资料的整理工作，汇编成电子版的文档保存，以这种方式铭记父亲多彩的一生。

整理、修图、考证、走访、查实……确实花费了不少精力。但是，这个过程既辛苦又幸福。从重获新生的照片中，我看到了父亲生活中的音容笑貌，工作中的认真专注。见照如见人，仿佛他又回到了我的身边。

为了更全面地了解父亲的生活情况，我在收集资料及编辑成书期间，多次走访父亲在1941年至1997年居住了五十余年的巨鹿路516弄2号老宅。这幢楼建于1924年，新中国成立前曾用名"自明公寓"，今年正好100年。老宅如今已易主，可在2017年6月，被上海市静安区文化和旅游局认定为"静安区文物保护点：黄绍芬旧居"。我想，这是党和国家对父亲最好的纪念及肯定。

2023年秋，父亲家乡广东中山的市委宣传部、市文化广电旅游局、市博物馆等领导来到上海，看了黄绍芬传记文档后，非常重视这些资料，有意为黄绍芬出书。此后，他们做了一系列的妥善安排，才有如今《黄绍芬图传》的付梓出版。

在此，我要衷心感谢家乡政府和有关方面为《黄绍芬图传》一书出版所做的一切。同时，对提供资料的黎锡先生（香港电影先驱黎民伟之子）、导演孙瑜的家属、韩莎莎女士（美术师韩尚义之女），以及对支持我出书、为父亲写诗的郑大里先生（导演郑君里之子）一并致谢。在我编辑书稿过程中，韦然先生（演员上官云珠之子）给予了具体指导和帮助，在此深表感谢。

黄宗炜

2024年4月